聖母マリアの系譜

聖母マリアの系譜

内藤道雄著

八坂書房

聖母マリアの系譜　【目次】

目次

【本書で用いた旧約・新約聖書の書名略号一覧】

■■―旧約聖書（*印は外典）

創　創世記
出　出エジプト記
レビ　レビ記
民　民数記
申　申命記
士　士師記
ルツ　ルツ記
サム上　サムエル記上
王上　列王記上
王下　列王記下
代下　歴代誌下
ヨブ　ヨブ記
詩　詩篇
箴　箴言
雅　雅歌
イザ　イザヤ書
エレ　エレミヤ書
エゼ　エゼキエル書
ホセ　ホセア書
ミカ　ミカ書
ゼファ　ゼファニア書
ゼカ　ゼカリヤ書
シラ　*シラ書

■■―新約聖書

マタ／マタイ福音書　マタイによる福音書
マコ／マルコ福音書　マルコによる福音書
ルカ／ルカ福音書　ルカによる福音書
ヨハ／ヨハネ福音書　ヨハネによる福音書
使　使徒行伝
ロマ　ローマ人への手紙
コリⅠ　コリント人への第一の手紙
ガラ　ガラテヤ人への手紙
コロ　コロサイ人への手紙
テモⅠ　テモテへの第一の手紙
ペトⅠ　ペトロの第一の手紙
黙／黙示録　ヨハネの黙示録

レオナルド・ダ・ヴィンチ《リッタ家の聖母》
1490年頃、エルミタージュ美術館蔵

序

聖母マリアは、カトリック教徒でなくてもなじみのないものではない。優しく柔和な、どこかまだ少女のおもかげをとどめている若い母親が腕にまるまるとふとった赤ん坊をだいてほほえんでいる姿をだれでも思いうかべるだろう。じじつルネサンス以降、西洋美術が表現してきた聖母子はそういう姿をしている。ヘーゲルが美学講義のなかで絶賛したのもこういうマリア像であった。息子のホルスをひざにのせた古代エジプトの女神イシスを彼は引きあいにだして、「全般的にいって、この主題の対象はキリスト教のマドンナ像、つまり自分の子どもをともなう神的な母親と同じものだが、対象の把握や表現の仕方がおそろしくちがう。薄肉浮き彫りであらわされているエジプトのイシスは、ビザンティンの硬直したマドンナ像にさえなお認められるほどの母性的なものや優しさがないし、心の動きや感情の動きが見られない」と批判しておいてから、「ラファエロをはじめとするイタリアの巨匠たちの場合」には、「何という感情の深み、何という精神的な生命、何という親密さと充実感、何という高貴さ、愛らしさ、

ラファエロ《テンピ家の聖母》 1508年
ミュンヘン、アルテ・ピナコテーク蔵

何という人間的でありつつ神の精神につらぬかれた情念が、われわれに語りかけてくることか」とすっかり感激している。ところが、このようなマリア像が制作されたのは、じつはキリスト教が生まれて千年以上も経過してからなのである。十年ひと昔という。近ごろでは十年どころか、たった数年経過するだけで昔である。「われわれが中学生だった昔は全然ちがっていた」などと大学新入生が口にする。この感覚に千年は気の遠くなるような時間であろう。

マリアが四三一年、エフェソ公会議で「神の母」とさだめられた頃には、すでにマリア崇拝の傾向が背景にあったが、「神の母」認定以来、マリアの絵や彫刻がヨーロッパ各地でさかんに制作されるようになる。その表現は時代とともにさまざまな変化をみせ、その時代、時代のモダンなマリア画像が出現しているが、最初はヘーゲルが批判している女神イシスを模倣したのである。女神イシス像に倣って聖母子像を制作した者や、ビザンティンのマドンナ像を守護聖女としてかかげた者には、同じヨーロッパ人であってもヘーゲルの美学は通用しない。しかしこうした変遷にもかかわらず、連綿とつづいてきたマリア崇拝そのものは、現代なおヨーロッパの宗教生活や美的感覚のみならず倫理意識、思惟構造のうちに強く刻みこまれているにちがいない。むろん現代でもマリアを崇拝し、巡礼地を訪れるカトリック信者は多い、というだけの意味ではない。いま千年と言ったが、この五分の一にしかあたらない江戸時代の二百年でさえ（明治の欧米文化ショックとともに）、いまなお日本人の文化意識や性格構造の根底に強く生きつづけている。これを考えても想像のつくことである。

なぜイエスの母親が崇められてきたのだろう。仏陀の母親摩耶は仏教の歴史のなかで崇拝の対象になったことはない。子どもをだく地蔵菩薩像はありがたがられても、幼児の仏陀をだいている摩耶の像が制作され跪拝の対象になったなど聞いたこともない。ところがイエスの母親は崇拝され、聖母像、聖母子像が数限りなく制作されてきた。なぜであろうか。日本では聖母マリアという呼称しか知られていないが、聖処女、神の母、天の女王、マドンナ（わが女性）と、ちょうど同じ仏陀が、観音、菩薩、如来などとさまざまな称号をもっているのと似てマリアは呼称も多い。聖堂名や学校名で知られているノートルダムも、ノットゥル・ダム（われらが女性）つまりマリアのことである。マドンナ・イマコラータ、マドンナ・デレ・グラーツィエ、ウンゼレ・リーベ・フラウなどになると日本語に訳せば、だれのことかわからなくなる。

子育て地蔵（奈良、山の辺の道）

このような称号は、どういう思いや考えの反映

コルマールの聖母子像（ゴシック後期）

なのだろう。映画化もされ、話題になったウンベルト・エーコの小説『薔薇の名前』の冒頭に、中世後期のマリア像が出てくる。主人公アドソとウィリアム師が事件の舞台となる山上の僧院にたどりつき、旅装をといた直後に入っていった聖堂の左身廊奥の柱の上に石像がすえられている。著者はこれを、「モダン様式で、えもいわれぬ微笑を浮かべ、腹部をせりだし、きれいな衣服の上に小さな胴着をつけ、片腕に子どもをだいている」と叙述しているが、中世後期になると、マリア像は座像より立像が多くなる。たいてい王冠をいただき、幼児イエスをともなっている場合は、右腕にだいているのもあれば、左腕にだき、右手に笏をもっているものもある。

アドソとウィリアム師の二人がはじめて聖堂に入った日、この「神の母」の像の足元に「ひれ伏さんばかり」の姿勢で何かを祈願していた老師が、三日後、今度はアドソがひとりでここを訪れると、「異端という毒草」の論議を始める。毒草というのは、女を介して男の心に侵入してくる悪魔のことである。この「毒草」についてながなが訓話した後、老師はアドソに、誘惑に陥るようなことにならぬようはげめと忠告しながら、マリア像を指さし、「きみは、汚れのない愛に身を捧げなくてはならない。彼女のなかでは、女性は高められている。だから、彼女は、雅歌のなかの恋人のように美しいといってもよいだろう。彼女のなかだけではですぞ」。現実の女はよくないが、マリアは例外だと、諭す老師自身もいつか愉悦にひたりつつ、さらにつづけて、「彼女のなかでは、肉体の優美さも天上の美のしるしなのだ。だから彫刻家は女性を讃えるあらゆる美をこめて、この像をつくったのだ。……この胸はうるわしい。心もち突きでていて、ほのかなふくらみがあり、しかし淫らにあふれでるというのではない。優雅にひきしまり、かといってしめつけられているという感じではない。この像の甘美な姿を見て、きみはどう感じるかね」。いやに胸のあたりにばかり描写が集中していて、これでは忠告しているのか、そそのかしているのかわかったものではなく、若いアドソは、「どう感じるか」と問われ、頭に血がのぼってしまうのである。ここにすでに、マリア崇拝に関する思惟構造の素描がみとめられるが、また別の日、この青年に今度は修道院長が、「聖処女の栄光のために、あらゆる宝石を書きこみ、韻を踏んでいる連禱」を引用しながら、「碧玉は信仰、玉髄は慈愛、翠玉は清純、紅縞瑪瑙は処女の生活の平穏、紅玉はゴルゴダの丘で血を流す心臓、七色にきらめく橄欖石はマリアのさまざまな奇跡を意味するのだ」などと、宝石の意味を教えている。

　周知のようにマリアはもともとはヴィーナスのような神話の女神ではない。歴史上の一女性である。ナザレでイエスを出産したのも、理論的には、その日付もわかる歴史的な出来事である。彼女は「何のとりえがあるのか」（ヨハ一・四六）とさげすまれたガリラヤの寒村ナザレの貧しい大工の女房であった。宝石をちりばめた衣裳をまとうことなど生涯に一度としてなかったはずである。育児と家事にけんめいだったろう彼女が身にまとっていたのは粗服にちがいない。
この女性が、いつのまにどうして王冠をいただき、宝石の言葉を語りはじめるようになったのであろう。なぜ、宇宙的、神話的な次元へと変身し、ある意味ではキリスト以上の権能さえもつような女神になったのであろう。

今世紀のプロテスタント神学者カール・バルトは、「マリアという女性がカトリック教会においてこうむった誤解以上にひどい誤解はない」と断じたものであった。しかしその彼が心酔していたモーツァルトもじつは熱心なマリア崇拝者だったのである。この事実にはバルトも目をつむらなければならなかった。周知のようにマリア崇拝がヨーロッパ芸術や文学に与えたものの大きさははかりしれない。例をあげるまでもないことだが、ちょっとかわった一例をあげてみよう。「なじかはしらねど」の名訳歌詞で、日本でも有名な『ローレライ』の詩人ハインリヒ・ハイネである。ライン地方のカトリック文化圏内のデュッセルドルフに生まれ育ったが、両親がユダヤ系のため、キリスト教の洗礼は受けていなかった。しかしドイツ語詩人として身をたてるため、「ヨーロッパへの入場券」を買ったという。つまりキリスト教に改宗したのである。が、当時のカトリックの反動性をひどく嫌い、プロテスタントに改宗した。ところがそのプロテスタントにも彼はたちまち幻滅する。以来無神論者のようにふるまいつづけ、政治的理由からパリに亡命したが、晩年不治の病に倒れた病床で、自分は詩人であり、どれほどマリアを憧憬し、マリアに関する詩に若い頃から胸を熱くしたことか、と告白したものである。詩人というものがマリア崇拝者であるのは自明であるかのような口ぶりである。じじつまた彼は、生地から遠くない有名な巡礼地ケーフェラールのマリアに捧げる連詩を書いていて、いまもケーフェラールを紹介する冊子には、ハイネの連詩が刷りこんである。

いまヨーロッパでは教会の内外でマリア論議がさかんである。数多くの書物が著わされている。そのせいかキリスト教文化圏外の日本でも聖母マリアが話題になり、マリアに関する書物も少なくない。マリアとはいったいどういう女性なのであろうか。この問いに対する答えを見いだすには、まず膨大な資料や知識が必要だろう。欧米の学者たちの業績から大いに学ばなくてはならない。しかしここで、キリスト教神話の内に生きている者にならって同じように知識を蓄積しても、キリスト教的心的構造、思考パターンやヨーロッパ的思想文化の底流を洞察することはできないのではないか、という疑問にうちあたる。聖書の読み方からして問題になるだろう。たとえば処女懐胎にしても、自明なことのように読んで通りすぎることはできない。あるいはまた、マリアがベツレヘムのある馬小屋でイエスを出産し、そこへ羊飼いたちや東方の三博士が祝福にやってきたなどと著述している書物は、それだけで真に受けることができなくなる。聖書にそうは書かれてないのである。書いてもないことがなぜ主張され、信じられてきたのか、そこを追究しなくてはならない。ではどういう方法論があるのかといわれると、キリスト教神話内に生きている者にとっては自明な前提でも奇妙に感じ、疑ってかかれる非ヨーロッパ的な世界に身をおいていることを、有力な方法論とする以外に、よい知恵もない。本書の試みは、いわば無手勝流の探索である。

なお手元において使用した聖書は

Neue Jerusalemer Bibel（Einheitsübersetzung）. Verlag Herder, 1985.

Das Neue Testament（übersetzt und kommentiert von Ulrich Wilckens）. Bennziger Verlag / Gütersloher Verlag, 1970.

なので、引用訳文が邦訳聖書の訳文や表記とかなりちがっている場合があることをお断わりしておきたい。もっとも、邦訳聖書も、新共同訳聖書（日本聖書協会発行、一九八八年）を参照しており、さらにルター訳は、現代語版Die Bibel（Würtembergische Bibel, 1964）を使用した。

第一章

新約聖書のマリア

▶パピルス断片（マリア祈禱）　3世紀

一　マルコ福音書のマリア

マリア（ユダヤ名ミリヤム）に関する聖書の記事はまことに少ない。マリアに言及しているのはマルコ、マタイ、ルカ、ヨハネの四人だけで、彼らより時代の早いパウロは、ガラテヤの信徒あて書簡に、「律法の支配に奴隷化されている者たちを解放するために、神は女から律法のもとに生まれた息子をおつかわしになったのです」（ガラ四・四）と書いているだけである。「女から」と、マリアらしい女性を示唆しているようではあるが、しかしパウロには、イエスの母親の存在の意味はどうでもよかったようだ。ローマの信徒には、イエスは「人間的な誕生からいうとダビデ一族の出ですが、聖霊の力によれば……神の息子という力の座におかれた」（ロマ一・三）と説きおこし、母親は問題にしていない。

普通マリアの生涯というと、リルケの『マリアの生涯』と題する連詩でもそうだが、「受胎告知」、「ヨセフの疑惑」、「エリザベツ訪問」、「馬小屋でのマリアの出産」、「三博士や羊飼いの訪問」、「神殿参り」、「エジプトへの逃避行」、「神殿における少年イエス」、「説教中のイエスを呼びにくるマリア」、「カナの婚礼」、「十字架上のイエスとマリア」が列挙され（これに聖書にはない「マリアの被昇天」がくわわるが）、これらは四福音書の記事を合計したものである。

しかし合計すればより完全なものになる、というものではない。マルコ、マタイ、ルカ、ヨハネの描くマリアはたがいに異なっているからである。このようにまぜこぜに並べてしまってはほんとうは具合が悪いのである。だいたい福音書全体に、たがいに一致しない点、矛盾する個所が少なくないのみならず、同じ福音書の記述そのものにも矛盾がある。だから二世紀には、この問題に関して神学論争が起こっている。当然のことだったろうと思うが、イレナエウス（一三〇／一四〇頃～二〇二頃）というギリシアの教父がひと理屈をこねた。一八〇年頃だが、キリストの福音は唯一なのであって、主なる神は、ただこれを四つの姿で伝えるようお望みになったのだ、というのである。そうしてこの主張を受け入れないものを、異端者だときめつけた。神は人間の知恵や理性にはとうてい把握できないようなことをしめされる、という一札がつねに神学の武器になってきたが、こういう理屈ほど人間臭いものはない。とにかく四福音書の記述は決して、いっしょくたにできるものではない。

四つのうちもっとも古いのがマルコ福音書である。現行のマタイ、マルコという順序は、初期教会時代、意図的に逆にされたものである。西暦六六年、ユダヤ民族主義者たちが蜂起し、ユダヤ・ローマ戦争が勃発した。翌年ローマ皇帝ネロは、ウェスパシアヌスを最高司令官にした大軍をエルサレムに送り、叛乱の鎮圧にかかるが、ネロは六八年に他界する。すると軍部から次の皇帝に推挙されたウェスパシアヌスは、後を息子に任せてさっさとローマに帰還してしまった。司令官になった息子は大いに暴れ、ユダヤ人の存在のアイデンティティーであったエルサレム神殿も破壊しつくし、七三年に神殿国家を消滅させてしまう。マルコが福音書を記述したのはこの危機的な時期、つまり七〇年代だとされている。

神殿国家が消滅するまでのキリスト教は、キリスト教と呼べるかどうか、議論の余地があるほどユダヤ的なものであった。その主流はヘブライ派だが、パウロが非難しているように（ガラ二参照）、弟子のペトロたちも、ヘブライ派的な態度をとっていたようである。つまりユダヤ教の神殿儀式にはきちんと参与し、律法を遵守していたのである。彼らはイエスをモーセやエリヤに匹敵する人物にしたてる神話をはぐくんではいたが、結局はユダヤ教徒のなかの鬼っ子的存在以上のものではなかった。神殿国家消滅に、このヘブライ派のようなユダヤ的キリスト教は、ユダヤ教同様に深刻な打撃を受け、衰退の運命をたどる。キリスト教はここでユダヤ社会に背を向け、異邦人世界へ向うことになった。ユダヤ・ローマ戦争は、キリスト教の歴史にも重大な変化をもたらしたわけである。

こういう時期に出現したのがマルコ福音書である。専門家たちの推定によれば、マルコはアラム語を日常語としていたエルサレムの出身者だが、かなりギリシア語のできるヘレニストで、福音書をローマで記述したらしい。これ以上の詳細はわからないが、マルコとはヘブライ語のヨハナンに相応するギリシア名で、「神はめぐみ深い」という意味である。これが二世紀以後、マルコを伝説化しようとする傾向とかさなり、「彼〔ペトロ〕はマルコと呼ばれているヨハネの母親の家へやってきた。そこにはかなりの者が集まり、祈っていた」（使一二・一二）というルカの記述にあるマルコと同一人物とされた。このマルコの母親は裕福な未亡人であったらしく、イエスが最後の晩餐をとったのも彼女の家だという。だとすれば、マルコは少年時代にイエスの姿を見ていることになる。またイエスが捕らえられたとき、「亜麻布を直接身にまとって」後についていった少年がマルコだったのではないかとも想像されている。「そして彼らにつかまれ、亜麻布を脱ぎすて、はだかで逃げ去った」（マコ一四・五一〜五二）。もしこれがほんとうなら、彼は直接イエスと言葉をかわしたり、イエスの言葉を聞いたりしていなくても、イエスの生涯の出来事を直接目撃した者たちから資料を集めることのできる境遇にあったことになる。かりにそうだとして、彼が福音書を書いた頃まで生きながらえていたとすれば、おそろしく高齢だったことになる。

マルコの福音書にイエスの誕生や幼少期の話は出てこない。これが福音書の事実伝達という点に関して、マルコの記述を他の福音書より信憑性の高いものにしている。というのも宗祖や英雄の伝記というものは、その幼児時代を、将来の活躍とつじつまをあわせるために美化しがちなものだが、マルコにはこの意図が感じられないからである。イエスの幼少物語のみならず復活物語もない。イエスが葬られた墓へ出かけていった「女たち〔マグダラのマリア、小ヤコブの妻マリア、サロメ〕は外へ出ると、墓から逃げ去った。おののき震えていた。そしてだれにも何も語らなかった。恐ろしかったのである」（マコ一六・八）でおしまいである（この一六章八節の後に現在付記されている部分は後代の粉飾である）。こういう書き方からも、マルコが伝えているものは、他の福音記者の叙述より、史的事実に忠実に思える。とはいっても、この福音書の内容をすべて史実だなどとみなしては大まちがいだろう。いうまでもないことだが、マルコは現代的な意味でイエスの伝記を書こうなどと思いついたわけではない。イエスがいかに神的能力を発揮したかを強調することが目的であり、そのため当時色々な地方で語られていたという驚くような奇跡話をふんだんにもちこんでいる。イエスは湖上を歩いたり（マコ六・四五～五二）、悪魔祓いをしたり、病人を救ったり（同五・二一～三四、八・二二～二六、他）、食物を増やして飢える群衆に分け与えたり（同八・一～一〇）する。ところがイエスの母親のこととなると、マルコの記述はまことに即物的である。

マリアは貧しい大工の妻であり、イエス、ヤコブ、ヨセ、ユダ、シモンの他に娘たちもいる子沢山な母親であった。その上ナザレは、エルサレムの人間にはさげすまれるような方言を話す田舎であった。そんな家庭の息子が救世主であるなど、ユダヤの民衆には信じられないことであった。「あれは大工とマリアとの息子ではないか。ヤコブ、ヨセ、ユダ、シモンの兄ではないか。彼の姉妹たちだってみなわれわれと一緒に暮らしているではないか」といって、「イエスにつまづいた」（マコ六・三）。「つまづいた」というのは、イエスを信じることができなかった、という意味である。マルコの伝えるイエスは、当時のユダヤの慣習やユダヤ教の律法を無視する過激な説教をくり返し、またユダヤ教徒と衝突する行動にでていたから、たとえ彼が高貴な家柄の出であったとしても、人々は理解に苦しんだだろう。ましてや「大工の息子」である。じじつマルコの記述は、一般民衆のみならず、イエスの弟子でさえ、イエスの説くことはよくは理解できないでいたということを強く匂わせている。

民衆はイエスが悪霊にとりつかれているのだとみなした。イエスが自分の故郷で、その「悪霊」に関して説いているとき、だれかが母親のマリアを呼びにとんできた。ある者が反社会的な言動におよぶと、それが成人であっても、すぐ身内の者までまきぞえにしたり、当事者の身内の者に対する感情を利用しようとするのは、個人主義の健全に発達していない社会ではいつまでもくり返される現実であるが、古代ユダヤ社会もそうであった。いやそれ以上である。身内というのはひとつの宗教的単位でさえあった。

「父母をうやまえ」というのが厳格な掟である。息子が「狂っている」と聞かされ、マリアは他の子どもたちをつれて現場にかけつけた。もし彼女が、イエスの誕生の意味をあらかじめ知っていたとすれば、このように一家をあげて彼を「むりやりつれもどそう」（マコ三・二一）としてとんできたりはしなかったはずである。

マリアが自分の息子イエスをキリストだと息子の生存中に気づいていたような形跡はマルコ福音書にはまったくない。イエスが十字架上で息だえ、「まことに、この人は神の子であった」（マコ一五・三九）と百卒長が告白する場面を「遠方から」見まもっていた女たちのなかにも、マリアはいない。見まもっていた女たちは、「マグダラのマリア、小ヤコブの妻マリア、ヨセの母親のマリアとサロメ」であった。彼女たちは「ガリラヤでイエスにしたがい、世話をしていた」し、彼女たち以外にも「イエスとともにエルサレムにのぼってきた多くの女たちがいた」（マコ一五・四一）と、マルコは女性に言及しているのに、肝心のマリアがいたとは報告していない。

さて、マリアはかけつけてきたが、なかに入っていく勇気はなかった。人に頼んで息子を呼ばせている。頼まれたのがだれかは不明だが、その使いの者は、イエスに「あなたの母親と兄弟が外に立っておいでです。あなたのことをおたずねですよ」（マコ三・三二）と大声で伝えた。当然イエスのまわりに集まっていた大勢の人間にも聞こえただろう。これに対し、イエスは反問する形で、

「私の母、私の兄弟とはだれなのか」

それから、彼は自分をとりかこんでいる者たちを見まわしながら、

「ここにいるのが、私の母であり兄弟である。神のみ心を行なう者こそが、私にとって兄弟であり姉妹であり、母なのだ」（マコ三・三四〜三五）

と言い放った。息子のこの言葉に、マリアはおそらく唖然としたことだろう。現代でも血縁だの家系だのを心の支えにやたらもちだす前近代的な因習の根づよい社会では理解を絶する言葉だが、ユダヤ社会では家系とか親子関係とかは、宗教的な根拠でさえあった。だからこのイエスの発言は、宗教指導者より娼婦や取税人のほうが天国に入りやすい（マタ二一・三一参照）という断言より、もっと過激なものだったにちがいない。マリアは人前で身のちぢむ思いをさせられたのではないだろうか。心を痛め、うなだれて帰宅したか、憤慨して帰っていったかはわからない。マルコはそれ以上のことは記していない。だいたい彼がマリアに言及しているのは、これだけなのである。

イエスは母親に対して、おそろしくひややかな態度を見せた。彼はユダヤ人であろうとなかろうと、苦悩する女性、病魔に苦しむ女性、虐げられている女性にはいつも親密である。女性一般にやさしい。彼が十字架にかけられるエルサレムにあれほど大勢の女たちがガリラヤからやってきたのもそのせいだろう。しかし母親には、あたたかい言葉をかける場面がまったくない。母親がかけつけてきたときのひどく冷淡な態度は、彼女と彼の親子関係が決して理想的なものではなかったこと、さらには彼の出生に何か暗い秘密があったことを暗示しているように思われる。イエスと他の兄弟姉妹との関係もうまくはなかったようである。彼の親兄弟を知っているという者に対して、「自分の故郷や親族、家庭内ほど、予言者の威信のみとめられないところは、他にどこもない」（マコ六・四）と言いきっているイエスの言葉から、これが読みとれる。おそらくこのことで、マリアはイエスが地上の生涯を終えるまで悩み通したことだろう。イエスが磔刑に処せられた日も、ナザレの自宅に身をひそめて耐えていたと思われる。あるいは息子の処刑を、その瞬間には知らず、のちほど知らされ墓へかけつけたかもしれない。

マルコの福音書から受けるマリアのイメージ、あるいは想像できるマリアは、子沢山なのに夫に早く先だたれ、女手ひとつで子どもたちを育てなければならなかった働き者の母親、おそらく情の深い、子ども思いの母親、しかし世間を騒がせ、ついには処刑されてしまう長男のことは理解できず、またその息子からはうとまれ、心を痛め通さねばならなかったつらい女性である。どんな容姿だったか何となく想像できるような気がするのは、無数といってよい（ことにルネサンス以降の）マリアの肖像画や彫刻のせいで、じっさいに彼女がどういう顔立ち、姿形をしていたか、想像できるような資料はまったくない。ガリラヤ地方の村ナザレのユダヤ人だというから、黒髪、黒い瞳、小麦色の肌を推測できるくらいで、ラファエロが描いたような姿でなかったことだけはたしかである。

二　マタイ福音書のマリア

マルコはペトロやパウロが殉教した直後に福音書を作成したとされているが、マタイ福音書はこれに少なくとも十年以上は遅れている。専門家たちの調査によると、マタイとルカはマルコ福音書を下敷きにしているが、これ以外にも共通の資料を手にしている。Q資料と呼ばれているものである。Qとは、ドイツ語のQuelle（資料）の頭文字だからクー資料と読むのだろう。奇妙な名称だが、とにかくこういうイエス語録資料があった。新約正典には採用されていないが、後に発見された「トマス福音書」にかさなる部分が多いといわれている。ちなみにマルコ、マタイ、ルカの福音書はまとめて共観福音書と呼ばれている。資料を共有している部分が多いからである。

マタイはマルコよりギリシア語がずっと堪能で、律法学者としての学識も高く、学者的な才知の豊かなユダヤ人であった。いうまでもなく、イエスの弟子マタイとはまったくの別人である。ところで、このマタイ福音書をマルコ福音書と比較しながら読むと、聖書学者のすでに指摘しているように、手のこんだ修正や潤色の多いのがわかる。二人は、かなり神学的思想を異にしている。しかしマタイの修正には、もっとやむにやまれない事情がからんでいたようだ。事情というのはユダヤ社会に対する配慮である。マルコのイエスはユダヤの慣習やユダヤ教の律法を無視し、ファリサイ派などと衝突する過激な面が強調されていたが、マタイはイエスの教えをふたたび旧約の律法とむすびつけようとしている。キリスト教をあらためてユダヤ社会に受け入れさせようという意図があったのだろう。それにしてもイエスの言動がマルコとマタイとではずいぶんちがう。「私が律法や予言者を廃止するためにきたなどと思ってはならない。そうではなく、私がきたのはこれらを完成させるためである。よく言っておく。天地の消えるときまで、掟の一点一画さえ消えることはない」（マタ五・一七〜一八）というマタイのイエスは、まるでモーセの再来である。そこがマタイのねらいであった。つまりイエスの主張をモーセの律法とむすびつけることにより、ユダヤ教徒に、イエスこそ救世主なのだということを納得させたいのである。

この苦心の現われは、この後につづく同じ章のなかの、「古人も……といわれていたのを（と命じられているのを）、みなも聞いて知っているだろう。しかし私は……」というように、まず旧約の掟を知っている者たちを一応納得させておいてから、本題に入るイエスの語り口にもみとめられる。たとえば「姦淫するな」（出二〇・一四、レビ一八参照）という十戒の掟を知らないユダヤ教徒はいない。字の読めない者でも「みな聞いて知っている」。十戒の掟には「隣人のものを欲しがってはならない」（出二〇・一七）ともある。こういう掟をまずもちだしておいてから、「しかし私は言っておきたい」と、イエスは自説に入る。「だれでも、他人の妻を好色の目で見る者は、心中すでに姦淫をおこなっているのだ」（マタ五・二八）

マタイは、救世主がダビデ一族のなかから出現するという旧約の信仰がイエスにあてはまることを説得力をもってしめさねばならなかった。イエスこそ旧約の予言を成就する「イスラエルの王」であることを証明しなくてはならなかった。マタイ福音書は、新しい教会の地盤をユダヤの地でも固め（マタ一六・一八、一七・二四〜二七）、ユダヤ人に対する伝道、宣教のよすがとするために書かれたもののようだが、それならば、できるだけその社会に迎合するのが手段であったろう。ユダヤに確立されている宗教的信条や社会通念、慣習を無視しては、イエスを救世主として権威づけることはできない。マタイは、ユダヤ社会と訣別するのではなく、反対にユダヤ社会のなかでイエスを権威づけ、正当化したいのだから、何とかうまく折り合いをつけなくてはならない。父系を尊重するユダヤ律法に応じて、イエスの家系図もしめさなくてはならなかっただろう。父系尊重は当時のユダヤの生活感情に浸透しているものであった。そこで家系図を作成した。これは彼の一大労作である。救世主の誕生が約束されているという宗教的に重要な意味をもつ男性系図にマリアを登場させる露払いとして、彼女以前にすでに四人の女性を書きこんでおくという絶妙な作品である。

「アブラハムの息子がイサク、イサクの息子がヤコブ、ヤコブはユダ他の男児をもうけ、ユダはタマルによってパレスとサラをもうけた」とはじめ、アブラハムからその曾孫までは、男性名のみ列挙しているが、ユダのところでタマルを登場させている。特別に名前をだすからには、よほど例外的に重要な女性かといえば、そうではない。ユダの妻ではないのである。ユダはカナン人シュアの娘と結婚し、エル、オナン、シラという男児をもうけていた。タマルは、ユダが長男エルの嫁に迎えた女性である。ところがエルは何か悪事を働いて処刑されてしまう。なにしろ親に反抗したり、暴飲暴食をしただけでも処刑されかねないような掟の支配していた世界である（レビ二〇参照）。エルが死んだため、タマルは律法にしたがい、次男オナンの妻とされた（レビラト婚）。しかしオナンが息子をもうければ、その息子が兄の長子権を相続することになる。オナンはこれをこころよく思わなかった。だからタマルをだいても、体外に射精して、彼女が妊娠しないように心がけた（オナニーの名の由来はここにある）。そのため主ヤハウェの怒りを買い、彼もまた殺されてしまう。タマルはしたがって三男の子どもを産まなくてはならなくなった。シラはしかしまだ少年であった。成人するまで彼女は寡婦として待たなければならない。が、待てなかった。ユダの妻（つまり彼女の姑）が死に、その喪があけて、ユダが旅に出るのを追っていき、旅先で娼婦をよそおって彼と寝る。こうして出産したのがペレツである（創八・八〜二六）。父系だけを問題にする家系図なら、「ユダはペレツをもうけた」だけで十分だろうに、マタイはわざわざタマルの名前を書きこんだ。何か意図があってのことにちがいない。次にこのペレツから数えて六代目のボアズに母親ラハブの名が出てくるが、彼女も娼婦であった。そしてこの「ボアズはルツによってオベドをもうける」のだが、ルツという女性は、ユダヤ人と仲の悪かった民族ボアブ出身の未亡人である。そのため長男オベドは、ルツのもとの姑ナオミの子として育てられる（ルツ三・一六）。マタイがマリア以前に名をだした最後の女性のバテシバもまた人妻である。ダビデはこの女にソロモンという不義の子を産ませているのだから、姦淫の掟も何もあったものではない。それでもとにかく父が息子をもうけるという記述のしかたで、「ヤコブがマリアの夫ヨセフをもうけた」ところまでたどりつくが、ここで、「ヨセフがイエスをもうけた」とは書かずに、「マリアからキリストと呼ばれるイエスがもうけられた」と母系的な記述に転じているのである。

これが救世主（キリスト）の出現が期待されてきた名門ダビデの家系というのだから、大変な家系図である。マタイはひそかにユダヤ名門の父系図を相対化、あるいはパロディー化しているのではないかと疑いたくなるほどである。後述するが、この系図のおかげでマタイは後代の教会で議論の対象になるような面倒な矛盾をかかえこむことになる。もちろんイエス自身には、このような家系図的思考パターンなど笑止千万だっただろう。「私の母、私の兄弟とはだれのことか」といって、身内を啞然とさせただけではない。彼を何とかやりこめようとするファリサイ派の者たちに逆に、「メシアとはだれだと思うか」と挑発的にたずねておいて、当然のように返ってくる「ダビデの子」だという答えに対し、すかさず「詩篇」一一〇の一を引用し、「なぜダビデは、メシアを主と呼んでいるのか、ダビデの主がダビデの子というのではおかしいではないか」(マコ一二・三七)と逆ねじを食わせているし、また「肉から生まれたものは肉。霊から生まれたものは霊」(ヨハ三・六)と断言して、家庭、血縁、身内、社会的地位といったようなものが信仰および救いとはまったく無縁であることを強調している。こうしたイエスの教えはマタイもまっこうから否定するわけにはいかなかっただろう。これはキリスト教の核心ともいうべきところだからである。だから家系図作成にも苦心したのであろうし、あるいはまた「自分の故郷や親族、家庭内ほど、予言者の威信のみとめられないところは、他にどこにもない」(マコ六・四)というマルコのテクストも、「……自分の故郷や自分の家庭内ほどみとめられない」(マタ一三・五七)というように、血縁をしめす親族だけを削除して、不和は父親なき後の家庭内だけのことのようなニュアンスにしているのだろう。

とはいえマタイはやはりユダヤ社会に大いに配慮している。配慮するあまり、テクストの意味があいまいになってしまっている個所さえある。マルコによると、イエスはあるときティルス地方に出かけ、シリア・フェニキア生まれのギリシア人女に出会う。彼女には病魔にとりつかれた幼い娘がいたので、イエスに助けをもとめてきたのである。イエスは彼女に、

「子どもに十分食べさせることです。子どものパンを子犬に与えるようなことはしてはいけない」

と忠告する。すると女は、

「主よ、食卓の下の子犬といえども、子どものパン屑はたべます」と反論する。

「それなら、それでいいでしょう」とだけイエスはいって、女を家へ帰す。母親が帰宅してみると、女の子は危機を脱し小康状態になっていた（マコ七・二四〜三〇）。

マルコの記述はわかりやすい。ところがマタイが修正したもの（マタ一五・二一〜二八）は、イエスの出会った女がカナン人になっているのはよいとしても、彼女が同じように助けを乞うても、イエスは無視してとりあおうとせず、それでも彼女がついてくると、

「私はイスラエルの家の失われた羊のところにつかわされたのだ」とつきはなす。それでも女はあきらめず、

「子犬でも子どものパン屑をいただきます」と言う。するとはじめてイエスは、

「あなたの信仰があなたを救った」といって、子どもの病気からの回復を約束する。

マルコのほうの会話はごく自然なのに、マタイのテクストは何だか禅問答のようで、子犬の話も唐突に聞こえる。ただこのテクストからあきらかなことは、イエスが顔を向けているのはイスラエルの家、つまりユダヤ人の国だという風に修正されていることである。

ユダヤ社会に顔を向けることは、絶対的な父権制社会に迎合することを意味した。マタイのマルコ・テクストの修正に、これもはっきり読みとれる。もう一例あげてみると、イエスが飢えに苦しむ民衆に食物を与える場面がある。マルコが取り入れた奇跡物語のひとつだが、「そこで彼〔イエス〕は群衆に、地面にすわるようにうながした。それから七個のパンを取り、感謝の祈りをささげて、このパンをさき、分け与えるようにと言って、弟子たちにわたした。弟子だちはパンをみなにくばった。また魚もいくら

かあったので、イエスはこれらを祝福し、分け与えるよう指示した。みなは食べ満腹した。残ったパン屑を集めると七籠もあった。彼らはおよそ四千人であった」(マコ八・六〜九)。これをマタイはこう書きなおしている。「彼〔イエス〕は七個のパンと魚を取り、感謝の祈りをささげてから、それらをさき、弟子たちにわたした。弟子たちはそれを群衆に分け与えた。みなは食べ、満腹した。それから残っているパン屑を集めると七籠もあった。食事を共にしたのは四千人の男たちであった。これに加えて女や子どもたちもいた」(マタ一五・三五〜三八)

奇妙なのが、「食事を共にしたのは四千人の男たちであった。これに加えて女や子どもたちもいた」という個所である(ルター訳ではもっとあからさまに、「食事をしたのは四千人の男たち。女と子どもはのぞいて」いる)。パンと魚を分け与えられたのは男たちだけで、女や子どもは残りのパン屑を、あの「子犬」(マタ一五・二六)のように待っていたのだろうか。おかしな話である。イエスが女や子どもを別にするなど想像を絶する光景である。にもかかわらずマタイはこう書き直した。聖なる共同体の会食に女子どもは加えない、という古代ユダヤ社会の掟に配慮したためだろう。

マリアに関しては、前置きが長くなってしまったが、要するにユダヤの父権制社会に配慮することは、結果的にそれだけ女性蔑視の方向に逆もどりすることになる。しかしマリアが蔑視される者たちと同類では、まことに具合が悪い。いきおいマリアだけは特別な女性、いわば超女性にしなくてはならない。彼女を特別なものにする何かが必要になる。マリアに関して、マタイがマルコと決定的にちがっているのは、彼が「処女生誕」を採用していることである。イエスはマリアの長男というのではなく、マリアはキリストの母なのだ、という方向にマタイは視線を反転させている。ひょっとするとマタイ自身も、メシアが大工夫婦の息子であることに納得できなかったのではないかと思う。しかし大工の息子というのは、決して変更することのできない史的事実だったのだろう。だから彼はヨセフを、いまは零落して大工の身ではあるが、もとをただせば由緒ある家柄の出であるということにしたてあげた。母親のマリアも普通の女ではどうしても具合が悪い。古代の英雄や神々はみな処女生誕の息子たちであり、女神は処女である。この処女神話をマタイはとり入れたのかもしれない。あるいは何か別の事情があって、マリアの妊娠を処女懐胎にしたのだろうか。おかげで矛盾をかかえこむことになる。マリアが処女懐胎したのでは、イエスはダビデの親族と血がつながらなくなるからである。苦心して作成した父親ヨセフの系図が意味をなさない。これにはのちの教父や司祭たちも気がついて、理屈をつけなくてはならない問題となるのだが、マタイのなかでどう解決がついていたのかはわからない。

とにかくマタイによれば、「彼の母マリアはヨセフと結婚していたが、彼が自宅につれて帰るまえに、聖霊により身ごもっているのがわかった。夫ヨセフは信心ぶかく、彼女を恥さらしにしたくはなかったが、こっそり離婚しようと思った」(マタ一・一八〜一九)。結婚しているのに自宅につれて帰る、というのは妙だが、当時のユダヤ社会の慣習として、結婚しても、一緒になるまで一年間は婚約者のように別居しなければならなかった。事件はこのいわば婚約期間中に起こったのである。彼は思いなやむ。すると夢に天使が現われ、「ダビデの息子ヨセフよ、怖れるな。マリアを妻として迎え入れるがよい。彼女の胎内に宿った子は聖霊によるものである」(マタ一・二〇)。一九節とこれにつづく二〇〜二一節の二つのテクストは何か取ってつけたようなところがある。裏がありそうである。「聖霊により身ごもっている」のがわかっていながら、「こっそり離婚しよう」と悩み、夢のなかで天使に「聖霊によるものである」とあらためてさとされる、というのはまったくつじつまのあわない話である。マリアが妊娠しているのがわかって悩んだというだけなら話は別だが、それにしても夢に現われた天使とは何者なのだろうか。

一九四七年にクムランで発見された「死海文書」の専門家バーバラ・スィーリングの見解によれば、マリアの出産は自然なものであった。イエスの家庭はエッセネ派であった。エッセネ派はエルサレム神殿の儀式に反対し、独自の祭司をもっていたが、基本的にはだれでも祭司の資格があるという平等な共同体を形成し、エルサレム神殿を中心とするファリサイ派などと対立していた（聖書には律法に口やかましいファリサイ派ばかり登場して、どういうわけかエッセネ派には言及されない）。エッセネ派は禁欲的で、コリントの信徒への書簡のなかでパウロが披瀝している結婚観に、この派の思想が読みとれる（コリI七・二五以下参照）というが、独身主義を理想としていて、結婚はただ子どもをもうけるためだけのものであった。このかぎりではユダヤ的ではない。ヨセフはエッセネ派の規則にしたがって「信心ぶかく」暮らしていたのである。エッセネ派の者たちは長い婚約期間をへてから第一回の結婚をする。このとき女は処女でなくてはならなかった。結婚後、女が妊娠すれば、三ヵ月まで待って、第二の結婚がおこなわれた。つまり女は第二の結婚時には身ごもっているわけである。長い婚約期間中に、もし女が身ごもると、「処女が身ごもった」といわれた。当然ながら規則違反である。マリアも第一の結婚前に身ごもったのだろう。「信心ぶかい」ヨセフは大変なことになった思った。離縁すれば、生まれてくる子どもは非嫡出子となる。ヨセフの受けた天使からの忠告は、第一の結婚を、第二の結婚にすりかえてしまえ、というのであった。スィーリングによれば、「聖霊」とはヨセフ自身なのである。だから「怖れる」にたりない。おまえたちは規則違反にならないというわけである。ヨセフはこの忠告を受け入れ、イエスはダビデの子孫として認知されたわけである。では「天使」の正体は何か。ひょっとすると予言者あるいは祭司のことかもしれない。彼らは当時「神の人」とか「天使」とか「神々」(ヨハ一〇・三四、詩八二・二)と呼ばれていたからである。

もしマタイの記述している文字通りの意味で、「聖霊の作用」によってマリアは懐妊したのだとすれば、彼がせっかく苦心して作成したヨセフの家系図の意味がなくなる。救世主はダビデの後裔から出現するという予言に、イエスをせっかくあてはめても、マリアがヨセフの子どもを産まないことには、血はつながらない。これは後代の教父や神学者を悩ます問題でもあるが、ここではさておくとして、「天使」がマリア本人にではなく、ヨセフにだけ、それも夢のなかに現われたのであれば、マリアは妊娠の原因にまったく思いあたらないことになる。ヨセフは「天使」に説得され、自分の胸におさめるが、マリアは何も聞かされてない。訳がわからないままである。これまた奇妙な話である。

しかしとにかくマタイによれば、イニシアティブをとるのは「ダビデの息子」のヨセフなのである。天使はいつもヨセフに現われる。マリアの出産が終わって息つくひまもなく、「起きろ！　子と子の母を連れエジプトへ逃げろ」(マタ二・一三)と天使はヨセフの夢に現われて命令する。ヨセフはとび起き、マリアをせきたてたにちがいない。マリアは産褥についているひまもほとんど与えられなかったわけである。そしてヘロデが死ぬと、また天使が眠っているヨセフに、「起きろ！　子と子の母を連れ、イスラエルの地へいけ」（マタ二・二〇）である。もっともこの命令は、「私の民イスラエルの者たちを、エジプトから連れだせ」（出三・一〇）とモーセに命じたヤハウェの言葉をなぞったものかもしれないが、とにかくマリアは何もいわず、ただおとなしく夫の言葉にしたがうばかりである。

ひょっとするとマタイには、ユダヤの神話にはない「処女生誕」をことさら強調するつもりはなかったかもしれない。ユダヤ教徒をキリスト教に改宗させようというのがマタイのねらいである。そのためにユダヤ社会、ユダヤ教の律法に配慮し、旧約の予言の成就という観点から、イエスの生涯を記述しようとした。だからイエスの誕生も、「見よ、若い女が身ごもり、男児を産み、インマヌエルと呼ばれるであろう」（イザ七・一四）という予言者イザヤの言葉の成就として納得させようとしたのだろう。ところがイザヤの言うのは「若い女」で、「処女」ではない。マタイはしかし旧約をギリシア語訳で読んだ。ギリシア語訳は、ヘブル語の「若い女」を「処女」と誤訳している。意図的か否かはわからないが、処女神を崇めていた古代ギリシアでは、処女が特別視され、処女の社会的地位は高かったのである。マタイはこのギリシアの事情を視野に入れたというより、誤訳を真に受けたと見るほうが自然な気がする。彼の念頭にあったのは、おそらく処女神の伝承などより、むしろヤハウェがアブラハムにサラが身ごもると告げたり（創一七・一五）、祭司エリがハンナに「イスラエルの神が願いをかなえてくださる」（サム上一・一七）と約束した旧約の故事であっただろう。

いずれにせよ偉大な男児を産む女性は、神の目にとまった特別な女性なのである。ところが一方で、ユダヤ社会に配慮したマタイはどうしても女性蔑視の傾向にも迎合することになる。それだけよけいにマリアを他の女性と別次元におく必要が出てくる。ユダヤ社会では（後のキリスト教世界でもそうなのだが）、女は男より劣る者と信じこまれていた。それだけではない。生理の血など流すから汚れた者とみなされていた。汚れた女性たちと、マリアを同列におくわけにはいかない。マリアが汚れていては具合が悪い。何しろイサクやサムエル以上の救世主の母親なのである。

マリアはベツレヘムでイエスを産むために、夫とまたナザレを発つ。お産のためになぜわざわざ遠いよその町までいかねばならなかったのかというと、やはり旧約の予言の成就のためである。ミカが予言していたからである。「エフラタのベツレヘムよ。おまえはユダの氏族のなかで、いと小さき者。おまえのなかから私のためにイスラエルを治める者が出る」（ミカ五・一）。臨月近い身体での旅は、マリアには苦労だっただろう。

ただし彼女は家畜小屋でお産をしたわけではない。これは強調しておかなくてはならない。キリスト教の「敬虔な信者」一同は、これをなぜ無視するのだろう。もっとも聖書の無視されてしまう個所、歪曲されてしまった個所は少なくなく、逆に、書かれてもいないのに堂々とまかり通っている教義は枚挙にいとまがないから、いまさらこれを強調するといっても手遅れかもしれないが、しかしとにかくマタイのマリアは家畜小屋で出産しなければならないほど困窮してはいない。ヨセフは「ダビデの息子」なのである。いまはどういう事情あってか一介の職人に身をやつしているが、もとをただせば名門貴族である。この「ダビデの息子」の妻が家畜小屋などで出産するなど、旧約学者のマタイが納得するはずがない。「そして彼ら〔東の国の学者たち〕は家のなかに入り、子どもとその母マリアを目にすると、彼〔赤子〕に跪拝した。それから宝の箱をあけ、黄金、乳香、没薬を贈り物としてさしだした」（マタ二・一一）とマタイは記述している。マリアはきちんとした家のなかで出産し、高価な出産祝いを受けとったと書いているのである。

この「学者」とは、現代の用語でいえば、天文学者、したがって占星術にたけた者のことである。キリスト教神話は、やがて「学者」たちを、東方三国の王にしてしまった。しかもそのなかの一人は肌が黒い。エチオピアの王だからだというのである。まことしやなつくり話である。言ってしまえば、マタイの誕生物語からして、つくり話だろう。新興宗教の宗祖の誕生を異教徒の代表者たちが黄金をたずさえて賛美しにくるわけがない。このつくり話の背景はやはりまた旧約で、シバの女王がソロモンを訪ねてきた話である。香料、黄金、宝石などを従者たちにもたせてやってきた彼女は、ソロモンにすっかり魅了され、「国であなたのこと、あなたの叡知について耳にしていたことは、まこと、ほんとうでした。ここへきてわが目でたしかめるまでは信じかねていましたが、わたしの聞かされていたことは、その半分にもおよびません。あなたの叡知、あなたのすばらしさは、噂のすべてを超えています。……あなたをお気に召し、イスラエルの王座につけられたあなたの神ヤハウェの讃えられんことを」（列上一〇・六〜九）。このように三人の「学者」たちの訪問を受けたマリアは、単なる「貧しい大工の妻」ではなかった。だいたい大工職人は裕福ではなかったろうが、最下層の貧民ではない。それにヨセフはダビデの末裔である。ヨセフ夫婦はベツレヘムへ出てきても、知人の家（エッセネ派の仲間の家？）に迎えられているのである。

マタイの記述から推測される歴史上の人物としてのマリアは、寡黙で従順な、父権制社会における模範的な主婦である。落ちぶれているとはいえ名門の一族の末裔である夫の言葉にただひたすらしたがって、黙々と生きていた女性という印象を受ける。彼女もまた息子が磔刑に処された現場には姿を見せてはいない。これはマタイの記述を文字通り受けとるしかないが、ただマタイは、同時に一方で、「イエスは大工の妻マリアの息子」という視線を、「マリアはキリストの母」という方向に転換させることにより、マリアのうちに普通の女性とは決定的に異質なもの（女一般を超えた超現実的な要素）を洞察させようとしている。

三　ルカ福音書のマリア

この福音書の著者がだれか、やはりはっきりしないが、マタイ福音書につづけてルカ福音書を読むと、またそのちがいの大きさに驚かされる。バートン・マックはこの福音書およびこれの続編とされている「使徒行伝」の二巻がエーゲ海沿岸地方に登場するのは一二〇年頃だという。それがほんとうなら、ルカの著述はマタイからさらに四〇年ほど時代がくだっていることになる。彼はイエスに「エルサレムが軍勢に包囲されるの見ることになれば、滅亡のときがきたとさとるがいい。ユダヤにいる者たちは山へ逃げよ」（ルカ二一・二〇）と予言させているが、ルカ自身にとっては、このエルサレム陥落、神殿の壊滅もすでに昔日の出来事だっただろう。

ところでルカの名前だが、同姓だったせいか、パウロがコロサイの信徒宛て書簡のなかで「私の愛する医者ルカ」（コロ四・一四）と呼んでいるのがそうだといわれてきた。シリアのアンティオケというギリシア人を中心に建設されていた都市に住んでいたギリシア人で、伝道中のパウロと知りあい、親しい仲になったというのである。福音記者のルカはたしかにギリシア人だったかもしれないが、パウロを知っている気配もなければ、九〇年代に編纂されたパウロ書簡集を読んでいる形跡もない。第一、年代からして、彼がパウロと知りあうのは無理である。ここにも、マルコ伝説と似たような事情が働いているのだろう。ルカはマタイの著述を知っていたかもしれないが、彼の主な資料も、マタイと同じく、マルコ福音書やQ資料である。

ルカは福音記者のなかでも、もっとも文才があり想像力も豊かな作家である。福音書の続編である「使徒行伝」の冒頭に、「テオフィルス様、私は最初の報告で、イエスがおこない、教えはじめてより、ご自分のえらんだ弟子たちに、聖霊を通して指示をあたえ、昇天された日までのことを、すべて叙述しました」（使一・一〜二）と書いているように、誇張した言いかたをすれば、ルカ福音書は聖霊をモティーフにした文学とさえいえる。旧約聖書の利用のしかたも、イエスの誕生から死にいたる生涯の出来事をすべて、旧約の予言が成就されたものだという観点にたって権威づけようとしたマタイの方法より、はるかに自由である。ルカ福音書がもっともヨーロッパのキリスト教文化に影響を与えたのも、なるほどという思いがするが、この福音書はそれだけまたかかえこんでいる矛盾が多い。

マタイではヨセフの夢に天使が現われたが、ルカでは、大天使ガブリエルがマリア自身に「恵まれた女よ」と声をかける。それも夢のなかではなく、現実に彼女を訪ねてくる。この「恵まれた女」というのは予言的尊称で、これから恵まれるであろうという意味だから、ルカはマリアを自分の生涯の使命をはっきり自覚する女性にしているわけである。天使の訪問は、ヨセフの知らぬまの出来事であり、ルカでは、マタイの場合と逆に、ヨセフの存在は背後に後退している。天使はマリアに、

「マリア、怖れることはない。あなたは神の恵みを得たのです。あなたは身ごもり、男の子を産む」

（ルカ一・三〇～三一）

この言葉には下敷きがある。「娘シオンよ、怖れることはない／……／あなたのただなかに主なる神はおられ／……主はあなたのゆえに悦び楽しまれる」（ゼファ三・一六～一七）というゼファニアの予言の言葉である。ルカはマリアをシオンと同格にしているのである。シオンとはもともとは、イスラエルの民であると同時に、彼らの拠点を意味していて（ミカ一・一三参照）、したがってルカは、マリアを救いの約束の地の象徴へとたかめているわけである。マリアは「身ごもる」といわれても、男をまだ知らないのに、といっていぶかる。すると天使は決定的なことを告げる。

「聖霊があなたの上におり、至高の方の力があなたを覆うであろう。それゆえ、あなたより生まれる聖なるものは、神の子と呼ばれる」（ルカ一・三五）

これがまた「出エジプト記」の結語の絶妙な要約的改作である。少し長いが、もとのテクストを引用

すると、

主はモーセに言った。第一の月の第一日に幕屋〔流浪の民の移動神殿〕、つまり臨在の天幕を建てよ。そこに掟の箱を置き、たれ幕をかけ……。モーセはすべて主が命じた通りにおこなった。第二年の第一の月の第一日に幕屋が建てられた。……すると雲が幕屋を覆い、主の栄光が幕屋にみちた。モーセは臨在の場に入ることはできなかった。雲がその上にとどまり、主の栄光が幕屋にみちていたからである。（出四〇・一～三四）

モーセが臨在の幕屋に入ってはならなかったように、ヨセフもマリアのなかには入れなかった。イエスが神の子であることを強調するために、マリアの処女懐妊は神話的に正当化され、マリアもまた神話的な人物に変容していく。ルカによるマリアの聖母化は、マタイよりはるかに進んでいるのでる。

イエスがユダヤ社会の血縁、家系尊重の宗教的因習にまっこうから反対しているにもかかわらず、マタイはどうしても、ヨセフをダビデの末裔にしなくてはならなかったが、ルカもまた天使に、イエスは「ダビデの王座をつぎ、ヤコブの家を永遠に支配する」と語らせ、「ヨセフもダビデの一族に属し、その血筋であった」（ルカ二・四）としている。処女生誕とこの父方家系をどうルカは整合させたのだろうか。マタイは苦心の系統図をつくりあげて、これを福音書の冒頭にかかげたものであったが、ルカはもっと大らかである。彼は「イエスはヨセフの子と思われていた」（ルカ三・二三）とあいまいな言いかたをしておいて、何なら参考のために、とでもいわんばかりに、マタイとは逆向きに、ヨセフからその父、祖父と、名前だけをそっけなく列挙していく。マタイの系統図が正しいという前提にたてば、ルカのものはめちゃくちゃである。ヨセフの父、つまりイエスの祖父の名前からしてちがっている。アブラハムからダビデまではマタイのものと何とか一致しているが、そのダビデの子のソロモンがなく、後はことごとく名前がちがう上に、ヨセフにいたるまで十三世代も名前が多い。ルカは逆向きに名前を列挙しているわけだが、アブラハムにいたってとまらず、「テラ、ナホル、セルグ……」とつづけ、方舟のノアも人類の祖アダムもつきぬけ「神にいたる」（ルカ三・三八）。こうなると家系図などもうどうでもよくなる。すべてを神が創造したのであれば、どの家系図も、さかのぼれば当然ながら「神にいたる」。ルカは一民族、一種族、一門の後生大事な家系図をすっかり相対化しているのである。

ところでルカのマリアは、息子の生涯に積極的にかかわり行動する女性である。彼女は結婚（第二結婚）前から、すべてを心得ていた。天使の告知に、最初はいぶかっていたが、最後には「わたしは主のはした女です。お言葉通りになりますように」（ルカ一・三八）と答え、「あなたの親戚のエリザベツもあの歳で、男の子を身ごもっている」と聞かされたの確認するために、さっそくエリザベツの住んでいる町まで山地を歩いて出かける。「聖霊にみたされ」マリアの身に生じたことをすでに洞察していエリザベツはマリアを歓迎し、祝福する。そこでマリアはマニフィカト（マリア讃歌）を唱える。

わたしの魂は主を讃え
わたしの霊は救い主の神に歓呼の声をあげます
この身分の低いはした女に目をとめてくださったのです

これより後の世の人びとは、わたしを幸いだと讃えるでしょう
力ある方が、大いなる業をわたしになされたのですから
その名は尊く
その憐れみはいつの世までもかぎりなく
主をおそれるものにおよびます
主はその腕の力をもって
思いあがった者を追い払い
おごれる者をその座より引きおろし
身分の低い者を高め
飢えている者を豊かなものでみたし
富める者にひもじい思いをさせられます
主はしもべイスラエルを受け入れ
憐れみをお忘れになりません
わたしたちの父祖アブラハムとその子孫に
とこしえに約束された通りに（ルカ一・四七〜五五）

このマニフィカトは周知のようにヨーロッパ音楽に数多くの名曲を生みだしてはいるが、マリアに関

してはさまざまな矛盾した問題を提示している。聖書は神が福音記者に書かせたものであり、一言一句すべて真実なのだという盲信の伝統は長い。この讃歌は、マリアがじっさいに唱えたのだという盲信を大前提にした議論が、マリアという女性を旧約に関してもきわめて教養のあるインテリにしてしまった。でたらめな前提から構築される論理は緻密になればなるほど質《たち》が悪くなる。

ルカのマリアはみずから一度ならず「主のはした女」と自称しているように、社会的に身分の低い階層の人間である。もっとも無学文盲だったとは考えられない。子どもにはちゃんと家庭教育やしつけをした母親だったであろう。これは、彼女の息子たちの身につけていた教育、教養から推測できることである。ユダヤ社会では、子どもの面倒はもっぱら母親の手にまかされていた。父親はむしろ息子たちに自分の職業を教えこむことに専念した。だからヨセフも長男に職人修業をさせ、敬虔なユダヤ教徒であれば、モーセの律法を教えるなどの道徳教育はおこなったかもしれないが、その他の家庭教育はマリアの役目だったはずである。

しかしそれにしても、十四、五歳で結婚した田舎の貧しい娘が、旧約聖書にくわしいというのはあり得ない。書字の教育を受ける機会を与えられなかった庶民（とくに女性）でも、有名な聖句とか律法の言葉は、子どもの頃から聞かされていて、おぼえていたかもしれないが、このマニフィカトの構成はそんな単純なものではない。旧約によほど精通していなければ無理である。ところがマリアの生きた時代のユダヤ社会は、男にしか学習機会が与えられていなかった。いや、そのような機会がたとえなかろうともマリアには天性があった。だから神の母なのである、などといった強弁はキリスト教史におなじみだが、強弁というもは、やればやるほど矛盾のお返しを受けるものである。

マニフィカトの冒頭が、ハンナの祈りの歌の借用であることは、今日ではもうよく知られた事実である。エフライム山地に住むエルカナは妻が二人いたが、その一人ハンナには長いあいだ子どもができなかった。古代ユダヤでは、不妊は女にとって最大の恥辱であったから、主が自分に心をとめ、男児を授けてくれるなら、その子を生涯、主に仕えさせる――今日なら、子どもの将来を出産前から親がきめるのは子どもの人権侵害ということになるが――と誓いながら祈りつづけ、ようやく身ごもったとき、彼女は主を賛美する言葉を唱えた。「わたしの心は主を悦ぶ思いにみちています。／大きな力を主はわたしにお与えになる／敵に対し、わたしは大きく口を開く／主の救いを悦び祝う心で／……／たけき者たちの弓はくだけ／よろめく者たちは力を帯びる／飽食のやからはパンをもとめてひしめくことになり／飢えている者たちは、永遠にいやされる／……／主は弱者を塵のなかから立ちあがらせ／貧しい者を芥のなかから高みにあげ／高貴な者とならぶ座を与え／栄光の座を彼に分け与えられる」（サム上二・一～一〇）

主としてこの祈りをマリアのマニフィカトに再現しているのであるが、この他にも「主の恵みはしかしとこしえに、主をおそれる者たちのうえにあり」（詩一〇三・一七）、「主は哀れな者を高め、おごれる者を地に打ちすえる」（詩一四七・六）などの「詩篇」の詩句も挿入したり、「ヨブ記」（五・一一）や「イザヤ書」（二九・一九）などの似たような言い回しを借用し、最後は、「創世記」の「私はおまえ及び後の世の子孫と契約をむすび、おまえの子孫の神となるであろう」（創一七・七）をうまくアレンジしている。

構成の妙はどうあれ、はっきりわかるのは、ルカがマリアを、「はした女」と自称させているように、貧しく、社会的に身分の低い女性、そしてその社会の現状に不満をいだいていた女性と記述していることである。「はした女」は、現代では差別用語というより死語だろう。農奴時代の下女、雇われ農婦、下働きの女と同義語である。ルターは、王冠をかぶせられ、宝石をちりばめた衣裳に身をつつんだマリア像に抗議する意味で、マリアが「はした女」であったことを強調し、身分の低い女性だからこそ、神は自らの救済行為の道具として選んだのだという神学を展開したが、王侯貴族の権力に迎合し、教会の位階制度を維持しようとした中世の神学者たちには、「はした女」は具合が悪かった。だから「はした女」から政治的社会的な要素を完全にぬき去り、神の前に出た人間の卑小さの自覚をしめす謙譲の言葉だと解釈したものである。マリアは本来裕福で高貴な家柄の娘だが、このように自らを低めているのは、いかに彼女が謙譲の美徳の持ち主であったかをしめすものであり、だからこそ神が彼女を選ばれたのであると、主張したものであった。しかし聖書の言葉は、シュライナーが指摘する通り、かように変幻自在に歪曲して解釈できるものではない。「貧しい」といえば、文字通り貧困にあえいでいるのであり、「身分が低い」というのは、下層階級を意味していたのである。「はした女」は、神の前で自らを低くする人間の謙譲をしめした言葉であると強弁した神学者たちにも、「主はその腕の力をもって／思いあがった者を追い払い／おごれる者をその座より引きおろし／身分の低い者を高め／飢えている者を豊かなものでみたし／富める者にひもじい思いをさせられます」というマリアが神に期待する思いは厄介であったろう。これははっきり社会改革、近代的な意味でいえば革命の到来の希望である。「おごれる者も久しからず、ただ春の夜の夢のごとし。たけき者もつひにはほろびぬ。ひとへに風の前の塵に同じ」という『平家物語』の冒頭は、権力者同士の争いに破れて滅びたほうの運命を一般化して、世の無常を詠嘆したものだが、マニフィカトは権力の座にある者と抑圧されている者、富裕な者と貧困にあえいでいる者の立場を、神が逆転してくれるという確信を表明しているのである。

ルカはマリアの貧しさを、一度ならず強く示唆している。マリアが懐妊時に、自分を「はした女」と呼んだのもそうだが、日本の七五三参詣に似たユダヤ教の習慣にしたがって、エルサレムの神殿に出かけた際には、「キジバトのつがいか、若いイエバト二羽をいけにえとして」(ルカ二・二四)捧げたとしている。鳩はユダヤ教の律法で、貧しい者たちの供え物と定められていたのである(レビ一二・八)。自分たちで罠をしかけて捕獲したか、あるいは神殿境内でお供え物用に売っているのを買ったのであろう。有産階級の場合は、所有する家畜をさしだすか、あるいはまた犠牲用の羊や牛を購入することになっていた。ヨセフ夫婦は貧者の供え物をもって神殿に出かけたと、ルカは明記している。

しかし何といってもマリアの貧困を示唆する最大の場面は、この宮参りに先立つ出産の家畜小屋である。ヨセフはダビデの末裔だというわけで、そのダビデの町ベツレヘムに住民登録のために出かけなくてはならなかった。なぜ彼一人でいかなかったのであろう。ルカはマタイのように、旧約の予言の成就のためとは書いていない。臨月近い妊婦が泊まるあてもない旅に出る姿は痛ましい。しかし彼女はきわめて気丈な女性であったにちがいない。ユダヤの女性は安産が多かったそうであるが、臭気のただよっていたにちがいない家畜小屋のなかで、おそらくだれの助けもなく、一人で出産をすませている。父親は何がどうあれ、出産にたちあうことは禁じられていた社会である。ちなみに、出産日は十二月二十五日ではなかった。十二月二十五日というのは、後代に冬至の祭りの日付をくっつけたものである。だいたい冬に家畜小屋で出産し、飼い葉桶のなかに新生児を寝かせたりしては、たちまち凍え死んでしまう。後代のイエス誕生の図には、だから牛とロバが吐く息で赤子をあたためているグリムのお伽話のようなものもあるが、もちろんルカの記述にはない。また東の国の占星術師も現われない。たずねてきたのは羊飼いたちだけである。マタイとルカの叙述する出産場面は、このように雲泥の差がある。

産婦は不浄のものと律法でさだめられていた。「男児を出産したとき、産婦は月経による汚れの日数と同じ七日間汚れている。八日目に子どもの包皮に割礼をほどこす。産婦は出血の汚れが清まるに必要な三十三日間は家内にとどまる」（レビ一二・二～四）。女児を産んだ場合は、不浄期間が倍の八十日である。不浄期間が終わると、今度は捧げ物をもって神殿祭司のところへ出かけなくてはならない。ヨセフとマリアも赤子をだいて、エルサレムに出かけた。すると神殿で、マリアはシメオンとかいう人物に、イエスが将来革命的な救世主になると聞かされる。この内容自体は、マリアは天使から告知されていてすでに承知しているはずなのに、これをエルサレムの神殿で聞かされるいうのは妙な感じがする。しかも「あなた自身も剣で心を刺しつらぬかれるでしょう」（ルカ二・三五）と謎のようなこともいわれ、マリアがこの言葉をどう理解したかは不明なままである。両親はナザレに帰り、イエスはたくましく育ったとしかルカは記していない。

さて、そのイエスが十二歳になった年である。ヨセフ夫妻はこの年も、例年通り子どもたちを連れ、過越祭に加わるためにエルサレムに出てきた。ところが祭りの期間を終えて、同郷の一行とともに帰路についた途上で、イエスがいないのに気がついた。心配して、そこいらをたずね歩きながらエルサレムにとって返し、三日目にようやく探しあててみれば、少年イエスは神殿の境内で教師たちのまんなかにすわりこみ、彼らの言葉に耳をかたむけ、質問したりしていた。その様子をまわりの者たちが驚いて見ている。マリアはイエスをたしなめ、

「なんてことをしてくれるんですか。お父さんもわたしも、ひどく心配してさがしたじゃありませんか」(ルカ二・四八)

すると少年は母親に、

「どうして私をさがしたりしますか。だって私、ちゃんと自分の父の家にいるでしょう。わかりませんか」(ルカ二・四九)

取りようによれば、この言葉は、ヨセフに対するたいへんな侮辱である。出生に秘密ある子が父親に、自分は彼の真の息子ではないと宣言したようなものである。それだけではない。ユダヤ教では、家庭は最小単位の宗教共同体であり、律法を「子どもにくり返し教えよ。うちにいるときも、道を歩いているときも、寝ているときも、起きているときも語りきかせよ」(申六・六)とあるように、父親は家父長の資格において、一種の司祭でさえある。心正しいヨセフは、家父長のつとめをはたしていたであろう。そのヨセフに面とむかって、神殿を「自分の父の家」だと言い放つのは、たんにヨセフの親権のみなら

ず、倫理的宗教的存在資格を否定することでもあった。「だが彼ら〔両親〕はイエスが彼らに言ったことの意味がわからなかった。それから彼は両親とともに下っていき、ナザレに帰り、彼らの意にしたがって暮らした」（ルカ二・五〇）。この「それから」という語にふくみがあると思う。心配顔の母親の剣幕におされ、少年は口を閉ざしたまま、おとなしく郷里へ帰っていったのであろう。

ヨセフが唖然となり、息子の言葉を理解できなかったのはわかる。だがマリアも「意味がわからなかった」のは妙である。天使により告知され、マニフィカトを吟じ、さらに「聖霊にみたされた」シメオンからも予言されているマリアなら、よほどの健忘症でないかぎり、思いあたるものがあるはずである。息子をなじったりはすまい。あるいは人前をつくろって叱ったのかもしれないが、それにしても息子の「言葉の意味がわからなかった」というのはおかしい。ルカによれば、わからないまま、とにかく子どもをナザレへ連れ帰り、帰宅した後に、「あの出来事をすべて心のうちにとどめ」（ルカ二・五一）るのである。「心にとどめた」という記述を、マリアがすべてを了解し承知したという肯定的な意味に解釈するむきもあるが、理解できない言葉は、うのみにはできても納得はできない。むしろ心にひっかかったという意味であろう。気になって忘れられない、つまり心痛の種になった、ということである。するとやはり、ルカの過越祭の叙述は、マニフィカトと矛盾してくるのである。

ルカもマタイ同様に、マルコのテクストの無視できない個所に出あうと、マタイとは別な意図から、やはりそこの変更あるいは緩和につとめているが、核心部分はどうにもならない。たとえば、イエスが悪霊にとりつかれていると聞かされ、「むりやり連れもどそうと」マリアが一家をあげてかけつける場面があるが、マルコははっきり、マリアの行動の動機と目的を明記している。ところがマタイもルカも「むりやり連れもどす」という表現を削除して、マタイは「彼の母親と兄弟が、話したいことがあって、家の外に立っていた」(マタイ一二・四六)と書きかえている。なぜ一家して話したいことがあるのか、あいまいである。ルカは、「ある日、彼の母と兄弟が彼のところへやってきた。しかし群衆のために彼のそばには近づけなかった」(ルカ八・一九)とさらに書きかえ、イエスの語調も「神の言葉を聞き、これにしたがって行動する者たちが母であり兄弟である」とずっとおだやかなものにしている。これなら家族もいっしょにイエスの説教を聞きにきたのだと解釈してもおかしくはない。じじつ信者にこう強調している教会の書物は少なくない。しかしおだやかではあっても、イエスのこの答えは、彼が胎内にいた頃すでにあの讃歌を唱えた母親にならわざわざ言う台詞ではないだろう。つまりいくら緩和しても、マルコのテクストから読みとれるイエスの母親に対するすげなさは、ルカもすっかりは消せないでいる。またイエスの説教に感きわまったある女が、「あなたを宿した胎内、あなたにふくませた乳房はなんとしあわせなことでしょう」と声を大にしたのに対して、「いや、さいわいなのはむしろ、神の言葉を聞き、これを守るものである」(ルカ一一・二八)と応じる言葉も、やはりマリアにはすげないものである。

聖霊物語を書いたルカが、処女生誕に関連しておかしている決定的な矛盾は、「聖霊の鳩」である。おそらく処女生誕など信じていなかったマルコの記述は筋が通っている。イエスが神の子となる瞬間を簡潔に、「ガリラヤのナザレからイエスはきて、ヨルダン川でヨハネから洗礼を受けた。水からあがるやいなや彼は、天が裂け聖霊が鳩のように自分の上へおりてくるのを見た。そして〈おまえは私の息子、私の心にかなうおまえを私は選んだ〉という声が天から鳴りひびいた」（マコ一・九〜一一）と記述している。彼が福音書を著述していた頃、つまりエルサレムの神殿の崩壊した直後、エピオン派と呼ばれる一派が存在していた。キリスト教に改宗したユダヤ教エッセネ派から出た異端グループだといわれているが、エピオン派はイエスをヨセフ、マリア夫妻の普通の息子だと信じていた。マルコのテクストからは、その息子が洗礼時にはじめて神の子に選ばれたのだということが読みとれる（ちなみに、カール大帝のカロリング王朝時代にもなお、養父論を唱える神学者たちがいて、処女生誕を否定し、イエスはヨルダン川でヨハネの洗礼を受けた瞬間に、神と養子縁組がおこなわれ、神の子となったのであり、それまではただの大工の子にすぎなかったと主張したものだが、ローマ教会はこの養父論を異端としてしりぞけてしまった）。ところでルカは、マルコのこのテクストを無視するどころか、輪をかけるように、「民衆のみなが洗礼を受けているのに加わり、イエスも洗礼を受けた。そして彼が祈っていると、天が開き、聖霊が鳩のように目に見える姿で彼の上におりてきた。すると天から声が鳴りひびいた。〈おまえは私の息子、私は今日おまえをもうけたのだ〉」（ルカ三・二一〜二二）とまで書いている。聖霊による処女生誕にまったく矛盾する記述である。ルカは「私は今日おまえをもうけた」という天からの声と天使ガブリエルの告知を自分のなかで、どう整合させていたのであろう。

ルカの叙述するマリアは（処女生誕の神話を度外視すれば）、貧困のうちに心労のたえない生活を強いられながらも気丈に生きていた女性のように想像される。世の現状に対し社会的な意識もあり、教養も身につけていて、夫にただ黙従するだけではない、かなり積極的な性格の女性だったように思われる。

ところがこのマリアも息子の処刑の場には居合わせなかった。福音記者のなかで、マリアについてもっとも多く言及しているルカさえも報告していないのだから、彼女はほんとうにいなかったにちがいない。何らかの理由で、姿を見せていなかったのだろう。

このルカの続編の「使徒行伝」のなかに、つまりイエスの死後一度だけ、彼女は聖書に登場する（使一・一四）。使徒たちの宿泊するエルサレムのある家のなかで、息子たちとともに信徒仲間に加わっている。長男の死後、彼女はキリスト信者になったのかもしれない。ただし彼女自身が崇拝の対象になるようなカリスマ的な存在ではなかった。信徒たちのあいだにまじっている彼女は、むしろひかえめで地味な女性の印象を受ける。カリスマ性のある女性がいたとすれば、それはマリアではなく、「復活」したイエスが最初に現われたというマグダラのマリアだったろうが、ふしぎなことに彼女はイエスの「復活」後、消息不明になってしまう。

四　ヨハネ福音書のマリア

ヨハネ福音書は、冒頭の「はじめに言葉があった。言葉は神とともにあった」からしてキリスト教の本質、あるいはユダヤ＝キリスト教的思惟の根底を宣言している。神学論文の匂いが強い福音書で、先行する共観福音書とはかなり異質なものをふくんでいるが、神学に立ち入るのはさておこう。

この福音書の著者ヨハネは、最期の場面で、十字架上からのイエスの指示にしたがってマリアと養子縁組をする「愛する弟子」ヨハネと同一人物であると、ごく最近まで言いならわされてきた。福音記者をイエスの使徒にしたがる傾向は教会関係者たちには強かったようだが、専門家たちの調査の結果、著者が「愛する弟子」だったというのは伝説にすぎないことがわかった。福音記者ヨハネの素性は結局不明なままだが、神学思想の内容から、パレスチナに近いシリアのどこかで、一世紀末に書かれたものであろうと推測されている。

ただこの著者が、福音書を自分の属する共同体のために書いたのはたしかである。推定の根拠になる個所に、史実的な信憑性がある。たとえばイエスによって盲目がなおされた青年の両親が、ファリサイ派の連中のまえに引きだされ、息子の目が開いたわけを話せ、と迫られる場面である。ところが両親は、「わかりません。だれが目を開けてくれたのかも、私どもにはわかりません。本人にお聞きください。彼は自分のことはもう自分で話せる年齢ですから」(ヨハ九・二一)といって逃げる。なぜ両親は言いよどんだのか、著者自身が、「ユダヤ人たちを怖れていたからである」と理由を述べている。「彼らユダヤ人たちは、イエスを救世主などと公言する者を、会堂から追放することにきめていたからである」(ヨハ九・二二)。この説明は、エルサレム陥落の七〇年以降、ユダヤ人キリスト教徒たちが、ファリサイ派によって会堂より追放されることになる事態と符合しており、追放されたキリスト教徒たちが形成した共同体のために、というのがヨハネの福音書記述の動機であると推定されるのである。

さて、この福音書にマリアは二度登場するが、ヨハネは決してマリアの名をだしていない。「イエスの母」、「母」あるいは「彼の母」と記しているだけである。マリアは新約には決してめずらしい名前ではなく、マグダラのマリア、クロパの妻マリア、ヤコブの母マリアといった具合に数多い。だからこうしたマリアたちと同等ではないイエスの母を、ヨハネは意識して名ざしにはしなかったのだ、という説明もあるが、これもまた何かにつけて、マリアをほめあげようという意図からでているのがあからさまで、説得力がない。ヨハネがマリアの名を伏せるのには、何かもっとちがった理由があったからだろう。しかしわからないので、ふしぎのままにしておくしかない。

ヨハネ福音書に、マリアが最初に登場する場面は、ガリラヤの町カナである。これは共観福音書にはない。だから別の伝承によるものであろう。ガリラヤの町カナで婚礼があり、イエスは弟子ともども招待を受けてやってくるのだが、そこには彼の母も来ている。この婚礼に彼女のほうはどういう関係をもっていたのかは不明だが、イエスたちとは別に来ていたもののようである。宴会で葡萄酒がたりなくなった。そこで母親はイエスに、「葡萄酒がなくなったようですよ」と催促する。するとイエスは彼女に、「女よ、私のなすことは、あなたに何の関わりがありますか。私の時はまだ来ていていない」(ヨハ二・四)と答える。イエスの態度はここでも母親に対して冷ややかである。マリアはこの言葉をどう解釈したかわからないが、ふりむくと、召使たちに、「彼の言葉にしたがいなさい」と言う。これまた意味のよくわからない台詞である。葡萄酒はあきらめろという意味だったのだろうか。ところがこの直後、イエスは水瓶の水を葡萄酒に変えたと、ヨハネは記述している。この奇跡話はギリシアの神ディオニュソスを想起させるものである。ギリシアにはディオニュソス祭祀の長い伝統があったが、紀元前二世紀の著述家パノクレスによれば、この祭祀の重要な行事は、葡萄酒の新酒を泉の水とまぜて飲み、歌い、踊り、酒神を招くというものであった。そういうディオニュソス神殿はアクロポリスの南側にもあり、岩山の下に湧きだす泉は聖域とされていたが、アテナイでは発酵した葡萄酒が最後に澄む寒い季節の月を婚礼の月と呼んでいた。ディオニュソスは水を葡萄酒に変える神でもあった。もし、ヨハネがこの奇跡話を取り入れたとすれば、おそらくエジプト経由であろう。ディオニュソスは、紀元前四世紀にアレクサンドロス大王がエジプトを支配下においたとき、この地では、類似するオシリスとすでに習合されていたのである。

それはさておき、イエスのマリアに対する言葉はここでもあたたかくはない。イエスはその短い生涯に、福音記者の伝えるところでも、多くの女たちに遭遇しているが、このような冷たい口のききかたをしたことはない。それにまたここでも、マリアは息子のことが理解できていなかったとしか考えられない。何か「しるし」でも与えられなければ、キリストを信じることはできない世間並みの支持者と同じである。他人のことにまで、気をくばらないではいられない性分の、世話好きな女性だが、「私たちがこの目でたしかめ、あなたを信用できるように、どんなしるしをしめしていただけますか」(ヨハ六・三〇)という弟子以上には決して出ない存在だったと思われる。

弟子のみならず、イエスの兄弟たちもやはりイエスに「しるし」を要求したものであった。「なぜなら彼の兄弟たちも彼を信じていなかったのである」(ヨハ七・五)。このとき彼らに返したイエスの「私の時はまだきていないのだ」という言葉は、母親に言ったのと同じである。マリアは弟子や自分の子どもたちほど露骨に「しるし」をと言いはしなかったが、「しるし」をもとめていたにのにはかわりない。

はっきりいって、彼女はこの点ではファリサイ派と同じなのである。彼らもまた「しるし」を見せろと要求していたことを、共観福音記者たちは書きとめている。マルコによれば、イエスが弟子たちとダルマヌタという地方へいったとき、ファリサイ派の者たちが、またぞろ議論をふっかけてきて、「天のしるしをもとめた」。イエスは心中ひそかに嘆息し、「この者たちはなんでまたしるしをもとめるのか」とつぶやき、それから「はっきり言っておくが、こういう者たちにしるしなど与えられない」（マコ八・一二～一三）こう言い残して立ち去ってしまう。マタイ福音書でも、イエスが説教している最中に、律法学者たちやファリサイ派の者たちがいっしょになって、「師よ、あなたのしるしを私たちに見せていただきたいのですが」と言う。するとイエスは憤慨して、「邪悪で背信的な徒輩は、しるしをもとめるものだ。予言者ヨナのしるし以外に、この者たちに与えるしるしなどない」（マタ一六・四）と叱っておいて、ヨナの予言のメタファーを「自分の時」と関連させている。つまりヨナ自身がニネベの人びとに対して「しるし」であったように、いまの時代の者たちには、自分自身が「しるし」なのだというのである。しかしこれは、イエスをとりまく者たちにさえ理解できなかったのであろう。ファリサイ派や律法学者のみならず、イエスの兄弟にもわからなかった。マリアも信じられなかった。共観福音書のこの「しるし」の場面は、ヨハネ福音書にはないが、これにかわるのがこの「カナの婚礼」だといえるだろう。

マリアは客としてこの婚礼に招待されていたのだろうか。むしろ何か手伝いをするためにやってきていたような印象を与える。そして婚礼の葡萄酒のことに気をくばっている彼女の姿は、ルカの伝えるマルタ、マリア姉妹のマルタを思わせる。マルタは、イエスをもてなそうと、あれこれ忙しく立ち働いていた。ところが妹のマリアは、イエスの話に夢中になって腰をあげようともしなかった。これがマルタには不満で、「彼女も手伝うようにおっしゃってください」（ルカ一〇・四〇）と訴えている。「イエスの母」はこのマルタに似ていないだろうか。知的でよく気がつき、積極的に行動し、あれこれと心を配る。だが夢想的、神秘的感覚がそなわっていない。イエスはマルタに、

「マルタよ、マルタよ、あなたは心配や気苦労をしすぎる。でも必要なことはたったひとつ。マリアはよいほうを選んだ。それを取りあげてはならない」（ルカ一〇・四一～四二）

こうさとされても、おそらくマルタには「たったひとつ」の意味はわからなかっただろう。これは言葉でわかることではない。マルタのような女性は、知的で、良識的ではあっても、情熱の専有する官能性がない。もちろん女の情熱、官能にイエスが惹かれていたわけではないだろうが、このような女性にそなわっているもの、世間的な枠のすべてを突破してしまう天性のものがイエスには決定的な意味をもっていたと思う。そういう魅力をもった女性の一人をヨハネは、「カナの婚礼」のすぐ後に記述しているのである。イエスが飲み水をもとめた「ヤコブの井戸」の場面である。イエスは井戸水を汲みにきたサマリアの女に近づき、水をもとめる。ユダヤ人のきらうサマリア人である。それだけではない。五度も結婚離婚をくり返し、いままた男と同棲しているという女性である。日本の社会なら陰険な陰口をたたかれるような女性である。このサマリアの女は官能的で多情な女性にちがいない。その彼女とはたちまちイエスは心が通じ、永遠に渇かない水のことを彼女に語るのである。「カナの婚礼」の際にマリア

に対する態度と、まったく好対照をなしている場面である（ヨハ四・六～二六参照）。ヨハネもマルコと同様に、マリアの処女性については何もふれていない。ところが共観福音書では、イエスの磔刑の場にマリアの姿はないのに、ヨハネだけは彼女を立ちあわせている。「イエスの十字架のもとには、彼の母と母の姉（か妹）、クロパの妻マリアとマグダラのマリアが立っていた。イエスは彼の母とその側に立っている愛する弟子を見て、母親に、〈女よ、見なさい。これがあなたの息子です〉、ついで弟子に向いて、〈見なさい。これがあなたの母親です〉、と言った。このときよりこの弟子は、彼女を自分のもとに引きとった」（ヨハ一九・二五～二七）。イエスの指示により、マリアとこの弟子は、養子縁組をすることになる。これにはおそらく新しいキリスト教共同体を維持してゆくための象徴的な意味がこめられているのであろう。イエスを懐妊したときに、「お言葉通りになりますように」とマリアに言わせているルカでさえ、十字架の下にはもちろん、遠くから様子をうかがっていた女性たちのなかにもマリアの姿があったとは記していない。だからほんとうはマリアはいなかったと考えるのが自然である。

かりにマリアが現実に立っていたとすれば、ヨハネの記述しているイエスの言葉は奇妙である。弟子を養子にしてほしいとマリアに言うのはわかるとしても、弟子に、マリアを引き取れというのは納得がいかない。マリアは未亡人かもしれなかったが、身寄りがないわけではない。第一、姉（か妹）がいっしょにいたとヨハネも書いているし、何より子沢山の母親である。カナの婚礼ののちも、イエスは、「彼の母親、兄弟たちおよび弟子たちとともにカペナウムにくだり、ここにしばらく滞在した」（ヨハ二・一二）とヨハネは報告しているのである。この兄弟たちに母親を託したはずである。ひょっとすると、彼の十字架上の言葉は、兄弟たちとの血縁関係を完全に拒否し、信仰の上の兄弟姉妹関係を宣言させるものだったのかもしれない。するとやはりこの場面はヨハネの創作である。イエスの教えをドラマ化してみせたと考えられる。美術史でも有名なピエタは、このヨハネ福音書に依拠しているが、イエスの亡骸をだいて、沈痛な面持ちでわが子を見つめていたり、天をあおいで嘆き悲しむマリアの姿は、ヨハネのものではない。後代の発明である。ヨハネ福音書のマリアは、あのマルタのように、世話好きで、気苦労の多い、しかし気丈な母親である。それ以上のことはわからない。

五　ヨハネ黙示録のマリア

ヨハネ黙示録も、福音書の著者ヨハネの手になるものと、十八世紀頃まで信じられていたが、聖書学の研究調査の結果、別人のものであると結論されるにいたっている。ではだれか、となると、それは不明のようである。書かれた時期については、信徒にたいする迫害の読みとれる内容から推定して、ドミティアヌス帝の頃、つまり九〇年代であろう、とされている。

黙示録にはマリアは出てこない。だから「ヨハネ黙示録のマリア」という見出しは、適切でないかもしれないのだが、黙示録第十二章で物語られる竜と苦闘する女の姿がマリアを示唆するともされ、マリア像に多く見られるいでたちの典拠は、この十二章なのである。とはいっても、ここに描かれているものには、もはや歴史上のマリアの姿をもとめることはできない。

その十二章の、女が陣痛の苦しみに耐えて男児を産んだあと竜に追われて荒野を逃げていくという神話的な叙述には、ヨハネ福音書の神学に通ずるものがある。ヨハネ福音書によれば、イエスは生前、まじかに迫る自分の死を弟子たちに予告して、「まもなくあなたがたは、私が見えなくなるが、またすぐ私を目にするようになるであろう」（ヨハ一六・一六）と言い、その意味がわからず悲嘆にくれる彼らに、女の産みの苦しみを比喩にもちいて、「女は出産するとき苦しむ。自分の時が来たからだ。しかし子どもが生まれると、一人の人間が世に生まれでた悦びのために、その苦痛を忘れる」（ヨハ一六・二一）と語る。もっとも、この比喩はエレミヤに由来するもので、「まことに産みの苦しみのような声が聞こえる。はじめての子を産む女のような苦しみの声が、あえぎながら手をさしのべるシオンの娘の声が。ああ、殺そうとする者の前で私は気を失う」（エレ四・三一）。ルカの受胎告知に現われた天使が、マリアをシオンの娘と同格においたのと同様に、十字架の下のマリアをふたたびシオンの娘にかさねれば、マリアは、信仰によって兄弟となった共同体の母親という神学的な象徴になるだろう。シオンとはもともとエルサレム郊外の丘の名前であったが、ソロモンが神殿を建ててからは神殿の丘、さらには前述のようにイスラエルの意味になり、バビロンの幽囚後は、救世主の現われる場所という象徴的な意味にもなった。黙示録の叙述も、エレミヤの予言と同じ骨子のものと考えられるが、描写はまことに壮大である。

「一人の女が太陽を身にまとい、月を足の下にし、頭に十二の星の冠をつけていた。女は身重であったが、陣痛の苦しみのために叫んでいた」（黙一二・一～二）。そこへ「大きな、火のごとくまっ赤な竜」

が現われる。竜の正体はいうまでもなく悪魔である。「七つの頭と十本の角があり、その七つの頭に七つの王冠のような頭飾りをかぶっていた。その尾は、天空の星の三分の一を掃きよせ、地上に投げつけた。竜は子を産もうとしている女の前に立ちはだかり、生まれた子どもをのみこもうとかまえた。女は男児を産んだ。この息子は、鉄製の王笏でもって、すべての民族に君臨することになっていて、神のもとへ、その王座へと連れて行かれたが、女のほうは、荒野へ逃げていった」（黙一二・三〜五）

ここで天使ミカエルの軍勢と竜とその仲間の闘いがはじまる。竜の仲間たちは敗北し、天から永久に追放される。竜は復讐に燃え、なお「男児を産んだ女の後を追う。ところが女には大鷲の翼が与えられ」、彼女はこの翼をつかって逃げ去る。しかし竜はあきらめない。さらに女を追跡し、「口から大河のように水を吐きだし、女を押し流そうとした。しかし大地が口をひらき、河水を飲みほし、女を助けた」（黙一二・一五〜一六）。竜は女に対する恨みをますますつのらせ、彼女の子孫、「イエスの言を守りつづける者たち」と闘うことを心にきめて、荒野をあとにする、というのである。

迫害に苦しむキリスト教徒のあいだで、マリアが宇宙的な姿で神の子の母親になっていく姿がここにみとめられると思う。それにしても奇妙なのが、この女の「太陽を身にまとい、月を足の下にして、頭に十二の星の冠をつけ」ているいでたちである。彼女は竜に追われ、ひたすら逃げまわるばかりだが、このいでたちからすれば、ほんとうは竜など怖れるにたりないほどの強大な力がありそうなのである。

マタイ福音書のイエス誕生物語に、占星術師たちが登場するが、古代の占星術師は、現代風にいえば、天文学者であり、宇宙と地上の現象や人間生活とをむすびつけて天体を観察していた。これは決して荒

デューラー《太陽を身にまとう女と七頭の竜》
（ヨハネ黙示録連作、1498年）

唐無稽な、非科学的なことではなく、出産その他に対する月や太陽の運行の関係は、現代でも調査の対象になっているほどである。天体で地球上の人間生活にもっとも密接に関係するものといえば、いうまでもなく太陽と月であるが、月は人間の無意識裡に謎めいた力をおよぼすものとして、精神分析でも深層心理学でも注目されている。月はとくに女性的なものの深層に関係するのである。

古代文明では、家父長原理の象徴である太陽と女神崇拝の象徴である月とが長く対立し、闘争をつづけていた。モーツァルトの『魔笛』に登場する夜の女王が悲嘆する母から復讐の魔女に変貌し、敗北する姿にも古代的なものの反映がうかがえるように、家父長原理の太陽がついには、母権制の月を制圧するのである。

ところがこの黙示録の女は、女性であるにもかかわらず、その月を踏みつけ、「太陽を身にまとっている」。これは　異教の女神に勝利したマリアというキリスト教の神学的要請からくる矛盾ではないだろうか。身にまとっている太陽は、男性原理の象徴なのだが、これを代表するものとして、マリアを古代の女神を凌駕するものにしたてあげるには、こういう姿にならざるを得なかったのであろう。女神イシスもアルテミスも月の女神であった。マリアが古代の女神崇拝を吸収しながら、これにかかわっていくパラドクシカルな過程の端緒を、この黙示録の女のいでたちはしめしている。じじつまたこの記述が多くのマリア像の典拠にもなっているのである。

第二章　受胎告知図の背景

▶シモーネ・マルティーニ《受胎告知》
1333年、ウフィツィ美術館蔵

一　「処女にして母」はマリアだけではない

ドイツとスイスの国境にあるボーデン湖のドイツ側の湖畔にあるメールスブルクの風光明媚な丘の上に立つ古城は、旅のシーズンには観光客がひしめきあう。ところがこのメールスブルクには、十五世紀の名匠の手になる受胎告知の祭壇のある古い教会堂もある、ということは知られていない。観光客の関心を引かないのか、下町の市門近く、いまでは他の建物にはさみこまれるような格好になっている教会には人影もない。

〈受胎告知の祭壇〉（部分）
1490年頃、メールスブルクの教会堂

十五世紀には、きっと情景が正反対だっただろう。丘の上の城は庶民には縁の遠いものであり、城に通じる坂道が現在のように人間でごったがえすことはなかった。逆に下町の教会は、日曜日のにぎわいはもちろんのこと、日曜日でなくてもだれかがマリアの祭壇の前にひざまずいていただろう。こういう祭壇がどれくらいつくられたかは知らないが、すべてあつい信仰の対象であり、字の読めない信者には、聖書にかわって語りかけていたのである。中世の絵画彫刻には、聖書を代行する役割が担わされていたという。受胎告知図には有名な芸術作品も数少なくない。周知のようにルカ福音書の記述にもとづいているのだが、ルカは次のように記述している。

六ヵ月目に、天使ガブリエルは神からガリラヤのナザレという町のおとめのところへ遣わされた。彼女はヨセフという男と婚約していた。彼女はダビデ一門の出で、その名をマリアといった。天使は彼女のもとにきて話しかけた。「おめでとう、恵まれた女よ。主があなたとともにおられる」。マリアはこの言葉に驚き、「何という挨拶だろう」と心中いぶかった。そこで天使は彼女に、「マリア、怖れることはない。あなたは神の恵みを得たのです。あなたは身ごもり、男の子を産む。その子をイエスと名づけなさい。彼は偉大になり、至高の方の息子と呼ばれるようになる。主なる神は、彼に父ダビデの王座をくださり、彼は永遠のヤコブの家をおさめる主となり、その統治には終わることがない」。マリアはしかし天使に言葉を返し、「どうしてそんなことがありましょうか。わたしは男の人と交渉はありません！」天使はこれに答えて、「聖霊があなたの上におり、至高の方の力があなたを覆うであろう。それゆえ、あなたより生まれる聖なるものは、神の子と呼ばれる。あなたの親戚のエリザベツもあの歳で、男の子を身ごもっている。みなが不妊の女とみなしていた彼女がもう六ヵ月になっている。神に不可能ということは何ひとつないのです」。そこでマリアは言った、「わたしは主のはした女です。お言葉通りになりますように」。すると天使は彼女のもとを去っていった（ルカ一・二六～三八）。

この天使ガブリエルの言葉には、「イザヤ書」に由来する語句や、「彼は偉大なり、至高の方の息子……」などといった古いユダヤ＝キリスト教の世界終末論的救世主待望の賛歌などが組みこまれているといわれているが、とにかくルカ福音書のこの個所が受胎告知図の元であり、ついでにいうと、これに先だつマタイの記述とともに、ルカのこの叙述に、ヨハネ福音書のロゴス論が強引に組みあわされ、処女の体内における神の言葉の受肉という、キリスト教神学のディスクールがつくりあげられていった。強引に、といったのは、ヨハネは処女の体内で神の言葉が受肉するなどとは述べていないからである。「言葉（ロゴス）は、言葉を受け入れた者すべてに、神の子となる資格を与えた」（ヨハ一・一二）というのがヨハネのロゴス論である。ここでは処女生誕は問題にはなっていない。たしかに「言葉は肉となった」とヨハネは書いてはいる。しかし言葉は「私たちのもとに宿り、私たちは、恵みと真理にみちたその栄光――父のひとり子のうちに反映する栄光――を目にした」（ヨハ一・一四）と、ヨハネは証言しているのであって、受肉の意味がちがう。

受胎告知は、女性にとってたしかに大きなできごとである。現代なら、懐妊を妊婦に告げるガブリエルは産科医だなどといえば、ふらちきわまると憤慨するキリスト教信者もいるかもしれないが、この憤慨は、マリアに関する「無原罪の御宿り」とか、「汚れない御身ごもり」といった観念からくるのだろう。マリアは処女のまま受胎を告知された、ということが、マリアの身にだけ超自然的なことが生じた、というにとどまらず、性的なものを汚れた罪悪として排除する伝統の根拠になったのである。「汚れない御身ごもり」というのは、性行為そのものが汚れた罪深い所業であるという倫理観念の表明であり、この上にたつ処女懐妊が信仰の自明の根底として説かれてきた。

前章にスィーリングの解釈を引用したが、マリアの処女性についていまなお議論がつづいている。処女性は「ロゴスの受肉の決定的瞬間」(ニシオティス)の証しであるという、昔ながらの神学論もあいかわらずくり返されているし、「処女性は、決して性的純潔あるいは性的抑圧の象徴ではなく、処女の象徴は、その根源からいって革新、造りかえ、新しい想像の端緒を意味するものである」(グリーリー)というような現実の性行為を括弧に入れてしまうこじつけや、早婚だったユダヤでは、初潮前の妊娠を処女妊娠といったなどという妙に医学的な説明もある。新しいマリア論を模索していくのは、これからの課題だろう。福音書に記述されていること、これまで真理として通用してきたことを絶対的な前提にして、思惟の可能性を追求するのも一種の知的遊戯かもしれないが、これら前提の背景をさぐることによって、思考上のタブーをなくしていくことのほうが、ずっと大事である。

処女懐妊というのはしかし、マリアがはじめてではない。これはもうすでに指摘されてきたことである。古代の女神も処女神であった。ただし処女の意味がちがう。そのちがいを一言でいうのは残念ながら現代の言葉ではできない。私たちの言葉には、現代にいたるまでに形成されてきた性観念がしみついていて、これがどうしても邪魔をする。単純なフェミニストたちが、処女こそ自立の象徴だなどと主張しても、男嫌いのイメージしか浮かんでこず、おぞましくなるのも、処女という言葉にまつわりついている伝統的な観念のせいだろう。

古代の女神が処女であった、というのは配偶神を必要としなかったという意味である。男は単に機能にすぎなかった。処女とは、性交渉の有無ではなく、これにしばられない女性的存在価値の絶対的上位を意味したのである。最古の人類にあっては、妊娠は性行為の直接的な結果ではなく、神的な力が女性に介入すると信じられていた。生物学的知識が普及した時代になっても、子どもは神様あるいは天からの授かりものなどという感情が生きているのを考えても、納得のいくことである。人祖の女は、人類の根源的神秘だったのである。

人祖女像が母神にさきがけて初期石器時代には崇められていた。これら女人像のワギナが強調されているのは、ポルノとはわけがちがう。大いなる女性的なものの崇拝は、食物採集文化から農耕文明に移行するとともに、大地の豊穣祈願と密接にむすびついていった。女は産む者、養う者であり、食物に関するすべてをつかさどる、いわば一家の大黒柱だったが、この女性は母なる大地と同列におかれた。女人像につづいて女神が現われてくる。多産の女神、地母神であると同時に天体を支配する女神が各地に登場してくる。天体は農事にかかわるし、月は何より女の月経と深くむすびついていると信じられていた。

女神の神殿が建てられ、記念碑的立像からお守

大地母神像（メーレン出土、約2万5千年前）

母神像（キプロス島出土、前14-13世紀、ルーヴル美術館蔵）

り用のテラコッタ偶像まで、さまざまな種類の神像がつくられた。豊満な乳房にはりだした尻と大きなワギナ、なかにはほっそりした肢体をくねらせ、異様に大きな目をした魔的な形相のものもある。女神だからといって優しく慈愛にあふれている、と思うのは近代の偏見である。両手で豊満な乳房をおさえているもの、玉座についているもの、授乳しているもの、両股をひらいてワギナを顕示しているもの、ユリの花茎、穀物の束、蛇をもっているものもある。穀物は当然だがユリも蛇も豊穣と生命の象徴であった。豊満な乳房をあらわにし、左右にのばした両手に、それぞれ一匹の縞蛇をにぎっているクレタ島の女神像は有名だが、女神の時代には、蛇は聖獣であった。脱皮する蛇は再生、治癒を象徴したのである。周知のように旧約では邪悪なものにおとしめられた。価値を逆転させられてしまった。にもかかわらず、蛇の治癒象徴はヨーロッパでは生きつづけ、現代でも薬局、薬品などにシンボル化された蛇のマークを見かける。生命の水のしたたる器をもった女神像もあり、この種の女神で最古のものとされているのがシュメールのもので、紀元前三二〇〇年頃である。

これら女神は土地によって名称がかわった。シュメール人がイナンナと名づけた神を、バビロニア人はイシュタルと呼んだ。旧約聖書では、ヤハウェを激怒させるアシュタルテと記録されている。この大いなる女神のさまざまな面や機能が分化し、独立的に象徴化されていく過程は、愛の女神アフロディテ、豊饒の女神デメテル、狩りの女神ディアナといったギリシア神話において分析することができるだろう。

ギリシア神話もそうだが、旧約の物語にも母権制社会が父権制社会に打ち破られ、屈伏していくさまが読みとれる。この過程は民族により様相や性格を異にしてはいるが、その差はあっても、だいたい新石器時代の農業文明内に原母神、地母神という繁殖偶像とならび、男性的生殖象徴として男根像が現われてくる。家畜の飼育、農耕労働の規模の発展は、男の存在価値を高め、発達した氏族社会の秩序と存続を力で維持していかねばならない社会的段階にくると、男の自覚的意識が増大し、これが神々の世界にも反映したのである。

まず無名の男根の神々が出てくる。ついでサテュロス、ダクテュロスといったまだ女神に服従する男神が現われる。こうした神話は、男性的なものが母権制世界に侵入してくる過程を推察させるが、女性的なものは、成人した男性的なものとの交わりにより、自らの本性の新たな深みを経験することにもなった。この性的愉悦は当然ながら、宗教的感情と表裏一体をなすものであって、チベットの聖地に描かれている男神と女神の合体神像などは、その典型的な現われであろう。しかしながら、やがて父権制の典型であるディオニュソス、オーディン、ゼウス（ユピテル）のような神が権力を獲得し、ついにはヤハウェのような母権に対する禁止条項のような父権の象徴が登場することになる。

いうまでもなくこの過程の現実は、いま素描したように単純なものではない。母権的なものが父権的なものと複雑にからみあって、いろいろな形をとって存続したであろう。じじつそれはさまざまな様相をもった神話に反映されている。もともとは母神の付属物であった息子が成長して恋人になり、ついには夫に変身して、まず配偶者の地位を獲得する。はじめのうち女神の下位にあった男神が、まもなく女神を玉座から追いおとすにいたる。天の玉座から冥界にまでつきおとされる女神も出たものであった。

ホルスをだくイシス女神像
前4-3世紀、大英博物館蔵

たとえばギリシア神話の女神エウリュノメーは、北風をとらえて、これから蛇のオピオーンをつくりだし、この蛇と交わって、宇宙卵を産むのであるが、この蛇のオピオーンが自己主張をはじめたので、彼女は激怒し、オピオーンをけりとばす。面白いのは、生命象徴として女神の所有物であった蛇が男根を象徴するものに変化し、しかも相手を怒らせるような発言をしはじめることである。

エジプトの女神イシスの神話にも、母権制が父権制に逆転されていく文明の過程が複雑に反映している。後述するように、息子ホルスを膝にのせているこの女神像の姿は、そのままキリスト教の聖母像に引きつがれるのであるが、イシスはもともとは玉座の化身ともいわれ、天地に君臨する創造の大母神であった。それが時代とともに、夫オシリスの配偶者に変化し、オシリスとともに崇拝されるようになった。オシリスは耕作と法律を教える平和の神であったが、性格のきつい異母弟テュフォンの策略にあい、生きたまま棺に封じこまれ河にすてられる。これを知ったイシスは嘆き悲しみながら、棺の行方を探し歩く。やがてヒースの茂る岸辺に流れついていた棺を探しあて、ひとまず草叢に隠した。ところが狩りにきたテュフォンがそれを見つけてしまい、死体をとりだして、ばらばらに刻み、各部分をべつべつの場所にすてながら逃げていった。イシスはまたもやオシリスの身体の部分を探し歩き、ひとつひとつ見つけては、見つけた場所にそれぞれ葬った。オシリスの墓が各地にできた由縁である。しかしイシスにどうしても見つけられない身体部分があった。男根である。水にすてられたために、魚に食われてしまったのである。ちなみに魚は多産の象徴だが、イシスは、見つからなかった男根を自分でつくりだし、その水辺に立てた。以来この地は男根崇拝の場所になったという。別の伝承では、イシスはオシリスの身体の各部分を集めて、息を吹きかけてよみがえらせ、受胎して息子ホルスを産み、この息子が父の復讐をとげたという。ちなみにこのホルスを膝にだくイシスは、エフェソ公会議が四三一年、マリアに「神の母（テオトコス）」という称号を与えた頃には、復活と貞節の女神として、すでに広く地中海世界で信仰されていた。

母性宗教が駆逐されていく中間過程として、古代文明では、天の父に大地の母といった二元論的宗教観が支配的であった。そしてこの両者の聖なる結婚が、典礼と信仰の中核をなした。男神が強大になっていくにつれ、神殿娼婦といわれる巫女のいる神殿が各地に見られるようになる。巫女たちは神と床をともにするのだが、現実の相手は王、神官あるいは神官の指名した男であった。娼婦といっても宗教的存在価値は高く、王も自分の娘を神殿にさしだしたりしたものであった。

ゲーテに『神とバヤデレ』という詩がある。舞台はオリエントではなくインドだが、バヤデレとは神殿の舞姫のことで、「大地の主なるマハデオの神」が地上に降り、人の子の姿になり、バヤデレの「愛の家」に入る。長詩の一部を訳出すると、

そして彼は彼女に奴隷のような奉仕をもとめた
すると彼女はむしろ楽しげに
それまでのぎごちなさも消え
自然のままにふるまった
…………
彼は紅潮した彼女の頬に口づけ
女は歓喜にもだえ、身をふるわせた

ところがこの見しらぬ男は床のなかで死んでしまう。バヤデレは驚き悲しむ。祭司たちは彼女をなだめ、夫ではないから殉死する必要はない、今後もバヤデレとして勤めをはたせとさとす。しかし彼女はその言葉をふりきって、火葬の炎のなかに身を投じる。

だが、炎ののなかよりすっくと
立ちあがった若者の姿の神

両腕に愛する女をしっかりだいて
ただようように空にのぼっていく
…………

もちろんこれはゲーテ自らの思想世界のうちに変容させたものであるが、素材はインドの神殿娼婦の伝説である。このような性交渉を、ふらちな淫行として弾劾したのが旧約の神ヤハウェであった。旧約は、超自然的倫理的な神ヤハウェが不道徳な自然宗教の神バールとアシュタルテを制覇していくかのように物語っているが、ヤハウェももともとは自然の魔神であった。嵐や火山の神であった。まったく女性的なものを欠き、巫女などももたなかったが、この性格の激しい神を信奉する遊牧の民イスラエル人が前千三百年頃、パレスティナ地方に勢力を得る。そうして先住の血縁民族であるヘブル人とまじって大きくなり、主なる神の命を受けたと称して、周囲四方に侵略戦争を開始する。「おまえたちが土地財産をひきつぐことになる諸国の民が仕えていた彼らの神々の典礼の場所を破壊せよ。高い山にあるもの、丘の上にあるもの、茂った木々の下にあるものすべてを破壊し、彼らの祭壇を取りこわし、石碑を打ち砕き、礼拝柱を火にくべ、彼らの神々の像を切り倒し、彼らの名をことごとくその場所から消してしまえ」(申一二・二〜三)と、くり返しヤハウェは命じる。後世のキリスト教徒のインカ文明絶滅行為のお手本とでもいうべき激越さであるが、こうしてヤハウェは、肥沃な農耕文化の宗教的饗宴のもっていた宇宙的な聖領域を非神話化していったのであった。

この非神話化を遂行するにしたがい、自らの倫理的正当性をますます強め、追放した宗教の価値は邪悪なものにおとしめた。とはいえ、この征服作業は、決して一筋縄でいくものではなかった。諸国の武力抵抗が強かったからだけではない。イスラエルの民自身のうちにも、ヤハウェを悩ます要因が内在していたからである。というのは、ヘブル人ももともとは、周辺の民族と同様に女神を信仰していたし、イスラエル人のうちにも古い信仰がなお生きていたからである。これを無視して旧約を読むと、訳のわからなくなる個所が少なくない。たとえばヤコブが石の碑を立て、その先端に油を注いで聖別する個所もそうである。

ヤコブというのは母親を後ろ盾に兄をだしぬいて、長子権を奪った男である。おかげで兄に恨まれ、復讐を恐れて逃避行のやむなきにいたる。「ヤコブは……とある場所にきたとき、日が沈んだので、ここで一夜をすごすことにした。そのあたりにある石をひとつ取って枕にし、眠りについた。彼は夢を見た。先が天にたっする階段が地上に立っていて、神の使いたちが昇り降りしていた。そして上方には何と主が立っていて、彼に語りかけた。〈私は主である。おまえの父祖アブラハムの神、イサクの神である〉……ヤコブは目をさまして言った。〈まことに主がここにおられるのに私は知らずにいた〉……彼は朝早く起きだすと、枕にしていた石を碑として立て、その上に油を注いだ。そうしてこの場所をベトゥエル〔神の家〕と名づけた」（創二八・一〇〜一九）。石碑、石柱は先祖崇拝を意味したり、日本の古い神社にも残っているような男根の象徴でもあった。ヤハウェが打ち砕けと命じていたはずのものである。アブラハムの神に恭順をしめすにしてはおかしな行為である。

あるいはまたイスラエルの民は、カナンの地に侵入して以来、色彩豊かな豊穣祭典の官能的な魅力の虜になっている。エルサレムも感化されたようである。エゼキエルの幻視によれば、「霊が私を宙にもちあげ……エルサレムの北門の入り口に連れていった。見ると主の嫉妬をかきたてるような像が立っているではないか。……それから霊は私を主の家の北門へ連れていった。するとそこに女たちがすわってタンムズ神を悼んで泣いていた。霊は私に言った。〈人の子よ、見たか。しかしおまえはもっといまわしいものを目にするだろう〉」（エゼ八参照）

旧約物語のかなりの部分をしめているのが、嫉妬したり激怒したり、慨嘆するヤハウェの姿であり、やっきになる予言者たちの言葉である。「彼らが主をすて、バールとアシュタルテに仕えたので、イスラエルに対する主の怒りが燃えあがった。主は彼らを掠奪者の手にまかせ、掠奪されるに任せた」（士二・一三〜一四）。ソロモン王も主の意にそわなかった。「ソロモン王はファラオの娘以外にも多くの外国の女を愛した。……彼女たちは、心を迷わせ彼らの神に向かわせるから交際してはならない、と主がイスラエルの民にかねがね警告していた当の諸国の女たちである。ソロモンはその女たちの虜になったのである。……ソロモンが年老いたとき、彼女たちは、彼を誘惑して他の神々に向かわせた。その結果、彼は父ダビデとは異なり、自分の神である主に心を捧げず、シドン人の女神アシュタルテを崇拝していた……」（王上一一・一〜五）。アシュタルテは性愛、多産の女神である。

十二歳でユダヤの王になったマナセも「主の気にいらないことをなした。主がイスラエルの民の前から追い払った諸国の民のおぞましい習慣にならった。彼は父親のヒスキヤが破壊した高台の礼拝所を再建し、バールのための祭壇を築き、イスラエルの王アハブがおこなったように礼拝柱を建てさせた」(王下二一・二〜三)。王様がこういう調子だから、後は推して知るべしである。大祭司エリヤも心労がたえなかった。何しろ祭司である自分の息子たちが「ろくでなしで、主に無頓着」なのである。そればかりではない。父の耳には、彼らが「臨在の天幕の入り口で巫女たちと寝ている」(サム上二・二二)という噂が入ってくるしまつであった。

これではヤハウェも自暴自棄になるだろう。「私はおまえたちの娘が娼婦になってもとがめない。そして嫁たちが姦淫しても罰しはしない。なぜなら司祭たちさえが娼婦とともにそむき去り、神殿娼婦と一緒にいけにえを捧げているからだ」(ホセ四・一四)。やけくそになってこう言ったからといって、ヤハウェは民に勝手を許したわけではない。「悟らぬ民は滅ぼす」と宣告したものである。

ユダヤ教世界では、古い神にむすびつく性行為、官能の逸楽はすべて淫行として抑圧され排除された。もっともこれによって性そのものが罪悪とされたわけではない。一夫多妻は正常な生活としてみとめられ、父親は息子たちに奴隷の女を与えることを習慣としていたほどである。後のキリスト教のように独身制を尊重するような傾向はまるでなかった。処女や童貞がとくに宗教的に高い位置を得るということもなく、むしろ性的不能のほうが宗教的に疎まれていたのである。これはマリアの処女性との関連からも、注目すべき点であろう。「睾丸のつぶれた者、男根を切断された者はだれも、主の会合にくわわることはできない」(申二三・二)が、一般人と結婚したためにもはや「主を讃える儀式には参加できな」くなっていた司祭の娘でも、「離縁されて、父の家にもどってきた場合は、娘時代と同じように、父の食物を食べてよい」（レビ一一・一二～一三）のだから、肝心なのは、父系であり男なのである。旧約時代には、処女が処女のままでいることを尊重するような風潮はどこにも見られない。処女には、男が結婚相手として望ましいとみなす以上の意味はなかった。

処女を重んじたのは古代ギリシアである。アルテミスのように永遠の処女神もいる。新約がギリシア語で書かれたということは、注目してよいことだろう。古代ギリシアでは神殿に詣でるには、身を清めなければならなかった。ただ身を清めるというだけなら、日本の神社にもみたらいがあるが、その場で清めるのではおそすぎるのである。詣でる何日も前から、食生活、性生活において節制、禁欲につとめなければならなかった。しかもこのような神殿の巫女は処女でなくてはならない。あるいは月経の閉止した後の女性でなくてはならなかった。古代ギリシアでは、社会的にも処女は既婚女性より上位にあったのである。

イエス自身は、性についてどういう見解をいだいていたであろうか。イエスの教えは、当時のユダヤ社会の慣習や宗教的観念からすれば、多くの点でおそろしくラディカルなものだが、性愛に関してもラディカルであった。自分を食事に招待したファリサイ派の男シモンを次のように言って叱りつけている場面にも、これがよく現われている。

この女を見たであろう。私はあなたの家の客となった。しかしあなたは足を洗う水もださなかった。ところが彼女は私の両足を涙でぬらし、頭髪で拭いてくれた。あなたは私に挨拶の口づけをしなかったが、彼女は私がここにきて以来、私の足にたえまなく口づけていた。あなたは私の頭に油を塗らなかったが、彼女は私の両足に油を塗ってくれた。だからあなたに言っておく。彼女の多くの罪はゆるされている。彼女は熱烈に愛したからである（ルカ七・四四〜四七）

しかもこの女は世間で「罪深い女」、つまり娼婦としてさげすまれていた女である。彼女をマグダラのマリアと同一人物とみなす説もあり、近ごろでは、イエスとマグダラのマリアは特別な男女関係にあったという物語まで書かれている。読み物的興味にはくみしたくないが、ルカ福音書のこのテクストは、この女の信仰と性愛表現の合致を示唆している。

性的なもの、地上的肉体的なものが罪悪として説かれるようになったのは、あきらかにイエスの死以後のキリスト教においてだが、母権制世界が父権制社会に屈服し、女性が男性の下位におかれるようになるのと平行して、性が淫猥なものとして抑圧され、いっぽうでしきりにマリアの「無原罪の御宿り」が強調されていくなかには、きわめて重大な意味が隠されていると思う。

二　鳩、ユリの花、オリーブの枝

受胎告知図はじつに数多く、これらをすべて取りあげ、そこに描かれているものを丹念に分析するだけでも、マリアが時代とともにいかに変化しているかを浮き彫りにすることができるだろうけれど、そ

マルティーニ《受胎告知》(部分)　1333年、ウフィツィ美術館蔵

のような膨大な仕事はとても一個人の手に負えるものではない。ここではわずかながら三作品だけ取りあげ、そこに何がどういう意図のもとに、あるいはなかば無意識に描きこまれ、そしてそれらはどういう背景をもっているかを考察したい。

シモーネ・マルティーニ（一二八四～一三四四）がシエナ大聖堂の礼拝所のために描いた告知図（ウフィツィ美術館蔵）は、右手の椅子に腰かけたまま驚いた風にいくらか身をよじらせているマリアが読書中だったらしい聖書を、読んでいた頁に左手の指先をはさんだまま閉じている。左手のガブリエルはオリーブの小枝を捧げもち、画面中央の花瓶にはユリが生けてある。そしてこのユリの上方のゴシック・アーチのなかに鳩が小天使たちにとりまかれ、壁の装飾のように描かれている。

冒頭に引用したように、ルカにこのような描写はないし、またマリアがガブリエルの訪問を受けた家は、このような宮廷風ではない。マルティーニの絵はあきらかに十四世紀イタリアの貴族世界を反映しているものである。身をかがめてマリアより頭の位置の低いガブリエルから翼をとれば、宮廷詩人が読書中の貴婦人の注意を引こうとしているようにも見える。「詩篇」ばかり読まずに、私の歌もお聞きください、とでも言っているかのようである。このポーズは、後のロレンツォ・ディ・クレーディ（一四五九～一五三七）やボッティチェリ（一四四五～一五一〇）の受胎告知図にも認められるものである。ただ時代や地域を越えて、告知図に共通しているものがユリの花に鳩、そしてマリアが読んでいる本である。これらはルカの記述にないにもかかわらず、なぜ告知図に描きこまれ、描きこまれることが自明のようになったのであろうか。

上：ボッティチェリ《受胎告知》（部分）　1489/90年、ウフィツィ美術館蔵
下：ロレンツォ・ディ・クレーディ《受胎告知》（部分）　ウフィツィ美術館蔵

白い鳩は聖霊を意味するからだという。三二五年のニカエヤ公会議で鳩は聖霊の象徴とさだめられた。おそらく「水からあがるやいなや彼〔イエス〕は、天が裂け聖霊が鳩のように自分の上におりてくるのを見た。そして〈おまえは私の愛する息子、私はおまえを選んだ〉という声が天から鳴りひびいた」（マコ一・一〇～一一）というマルコの記述を根拠にしたものだろう。マタイ、ルカなどもこれにならって、「神の霊が鳩のように自分のほうへ飛んでくるのを見た」（マタ三・一六）、「彼〔イエス〕が祈っていると、天が開き、聖霊が鳩のように目に見える姿で彼の上におりてきた」（ルカ三・二一～二三）と書き、ヨハネもまた、「ヨハネは証言した。私は霊が鳩のように天からおりてくるのを見た。それは彼〔イエス〕の上にとどまった」（ヨハ一・三二）と記述している。少しこだわれば、「鳩のように」と飛来の仕方をたとえているだけである。ルカも福音書には「鳩のように目に見える姿」と書いているが、「使徒行伝」では、聖霊に「鳩」の比喩は使用してはいない。聖霊は「嵐」、「炎」となってくだってきたと記述している（使二・一～一二参照）。それはさておき、「鳩のように」おりてきたと福音記者たちのいう聖霊がとどまるのはイエスの上であって、マリアではない。

だいたいマリアの処女受胎とイエスが洗礼を受けた瞬間に「鳩のように」降下してきた聖霊とは、神学的に矛盾していると思う。二世紀末にキリスト養子説が出現したが、養子説と鳩の組合せなら理屈はあうだろう。養子説は、ヨセフとマリアの普通の子どもであるイエスと神の養子縁組は、洗礼によって成立したと主張したが、聖霊が鳩のように降下してきたのがこの洗礼時なのである。イエスを「普通の人間」だと主張したのはテオドトゥスとかいう男で、ローマ教皇ヴィクトル一世（一九八／九没）によってたちまち破門されてしまう。

鳩が聖霊の象徴とさだめられたのは、前述のように四世紀だが、じっさいに受胎告知図に鳩が描かれるようになるまで、かなりの時間を要している。鳩が受胎告知図の必要欠くべからざるアトリビュートになるのは十一世紀末から十二世紀にかけて以降である。なぜこのように七百年から八百年もの時間がかかっているのだろうか。想像をたくましくすれば、くちばしをふれあう習性をもつ鳩が性愛象徴として古代の女神のアトリビュートだったからであろう。

ユダヤ世界において鳩は、どうか見られていたかというと、イスラエル人たちも鳩の飛翔力、帰巣本能やうもれ声には注意を惹かれていたらしい。「そこで私は思った。鳩の翼が私にあれば、飛び去り、安らぎを得るだろうに」（詩五五・七）とか、「燕や鶴のように私は啜り泣き、鳩のように呻く」（イザ三八・一四）という比喩や、大洪水が引きはじめたとき、陸地の有無をしらべるため、三度放たれたノアの方舟の鳩が、二度目にオリーブの枝をくわえて帰ってくる話などから推測がつく。しかし旧約の鳩は、とくに神的な意味はもっていない。むしろ逆であった。ヤハウェはよく怒る神だが、あるときも腹たちまぎれに、「エフライムはまどわされやすく分別がない、鳩のようだ」（ホセ七・一一）と悪態をついている。何しろ、憎い女神アシュタルテのアトリビュートが鳩なのである。これではとても鳩を自分の聖霊の象徴にしたりするはずがない。ニカエヤ公会議の決議に、ヤハウェは激怒したことだろうと思うのだが、もはや主の怒りが通じる時代は過ぎ去っていたもののようである。

だから白い鳩（あるいは白い鳥）の聖霊象徴は、ユダヤ＝キリスト教の伝統以外の伝承に由来するものにちがいない。マルコにもそういう伝説の記憶が身近かなものとしてあったのだろう。前述のように、ギリシア神話の万物の女神エウリュノメーは鳩の姿になって宇宙卵を産み、この卵から彼女の子どもたち、すなわち太陽、月、星、地球などが孵ったとされている。この女神のシュメール系の名称はイアフというが、「空を飛ぶ鳩」の意味である。白い鳩から白い鳥へと範囲をひろげてみると、興味あるのは、白い鳥と鍛冶職人の伝説がヨーロッパ古代のみならず世界のいたるところに確認されることである。北欧にはゲルマンの白鳥伝説が存在するが、じつは古代の日本にも似たような伝説はある。姫路城は白鷺城ともいうが、播州地方には古代、鍛冶集団が定住していた。鍛冶は火を使う。火を使って武器を生みだす。その聖火は天より飛来する白い鳥が運んできたのだと信じられていたのである。

鳩と同じように必ず描きこまれるユリは、純潔の象徴だそうである。つまりマリアの処女性を象徴するものとして描かれるわけである。さらには選ばれたものを意味するという見解もあって、「野に育つユリをよく見るがよい」(マタ六・二八)というイエスの言葉を根拠にしている。もっともイエスのここでの教えは、純潔に関するものではない。

ユリはレバノンに古くから自生していた強烈な匂いを放つ大きな花である。旧約のなかでも古代宗教の影響のとくに強い「雅歌」のなかでは、「娘たちのなかにいる私の恋人は茨のなかのユリの花」(雅二・二)、「きみの乳房は二匹の仔鹿/ユリにかこまれ草を食む双子の羚羊」(雅四・五)、「私の恋しい人は……目は水のほとりの鳩……唇は緋色のユリの花」(雅五・一二~一三)などというように、つねに恋人どうしが相手の姿を讃える比喩として用いられていて、どう考えてもこのユリは性愛と無縁なものではない。後代のキリスト教的な意味での処女性の象徴とはほど遠い。ユリは古代の女神が手にもっていた生命の象徴でもあった。ところがキリスト教は、ユリを「性の汚れ」なき純潔の象徴にしてしまった。こうなる過程にどのような操作があったのかわからないがふしぎである。

ユリのついでというのは妙だが、マリアがバラの花にたとえられている例もある。「エリコの高貴なバラよ」とドイツ中世劇のテオフィロスはマリアに呼びかけている。テオフィロスとは、ファウスト伝説のもとになっている人物だが、神父であった。あるとき司教に指名されたが辞退した。役職が面倒だったのだろう。出世の競争相手にこの地位をゆずった。ところがその新司教からこけにされ、辞退を後悔した。後の祭りだが悔しい。彼はそこで悪魔に一筆入れ、放蕩三昧に暮らせる手だてをしてもらう。

シュトラウビングの〈バラの木の神母〉
砂岩製、1320年頃

だがやがてこれも後悔し、「エリコの高貴なバラよ」とマリアに助けをもとめるのである。直接主イエス・キリストには赦しを乞えない。叱られるのが恐ろしい。だからマリアにとりなし（代願）を頼みこんだ。慈悲ぶかい母マリアの「とりなし」は、中世マリア論の神学的根底をなすものだが、マリアはテオフィロスをかわいそうに思い、息子のイエスに頼みにいく。イエスは、そんな愚かな奴なんかにかまっているひまはない、と最初はとりあわないが、乳を与えた母の願いを聞いておくれ、とマリアに迫られ折れるのである。なぜこのマリアが「エリコのバラ」かというと、「知恵」が自らをほめたたえる「シラ書」二四章で、「わたしはレバノンの杉のように大きく育った。ヘルモン山の糸杉のように。エン・ガディの棕櫚のように大きく育った。エリコのバラのように、荒野のみごとなオリーブのように」(一三〜一四節)と歌っているのが根拠らしい。

シモーネ・マルティーニの天使ガブリエルもオリーブの枝をもっている。告知図にいつも描きこまれるとはかぎらないが、しかしオリーブは「シラ書」でもたとえにされ、ノアの鳩もオリーブの枝をくわえて帰ってきたように、中東地域の石の多いやせた土地にも広く自生していた。成長に時間がかかるが、成長した後は、風害、戦争などにやられないかぎりいつまでも実をむすぶ。だから地上の平和の象徴ともなった。実からとれる油は食用から灯火用、美容、薬用にいたるまで、たいせつな生活必需品であった。「天国は、花婿を迎えにいくためにランプを手にして出かける十人の娘たちにたとえられる。彼女たちのうち五人は愚かで、他の五人は賢かった。愚かな娘たちのほうは、ランプはもったものの、油を一緒にもって行かなかった。賢いほうはランプとともに油の入った容器もたずさえていた」(マタ二五・一〜四)というように、イエスも油を肝心なときに欠かしてはならない重要なもののたとえにしている。

しかしオリーブ油にはもっと重要な意味があった。予言者ゼカリアが天使に自分の夢を話す場面がある。「燭台が立っていました。すべてが金でできていて、その上に皿があり、皿にはくちばし状の火口のついた七つのランプがのせてありました。かたわらにオリーブの木が二本、一本は皿の右、もう一本は皿の左側に立っていました」。ゼカリアにはしかしこの夢の意味はわからず、天使にたずねる。すると天使は答えて、権力によらず、霊によって地上を治めよという主の意向である、と説明する。しかしなおゼカリアには二本のオリーブの木の意味が解せない。そこで天使は、「これは油を塗られた二人の者であり、全知全能の主の前にたっているのである」（ゼカ四・二〜一四）と教えた。油を塗られるということは、超地上的な次元へ入るための聖別を意味していたのである。

このように旧約では、神の霊に関係するのは、鳩ではなくオリーブ油である。さらによい例は、サムエルが主の指示にしたがってエッサイを訪ねてきたときの話である。そのときエッサイの末っ子ダビデは、羊の番をしていた。サムエルはそのダビデを呼んでくるようにと要請した。「そこでエッサイは人をやって、彼を連れてこさせた。ダビデは金髪で目が美しく姿もりっぱであった。主の声がして、〈立って、彼に油を塗るがよい。これがその男である〉。サムエルは油を入れてきた角をとりだし、他の兄弟の見ている前で、ダビデに油を塗った。その日以来主の霊が彼の上にとどまった」（サム上一六・一二〜一三）

オリーブ油をからだに塗ったり、頭に注ぐのは、日焼けどめオイルを塗るのとは訳がちがう。聖別を意味する儀式であった。キリスト（クリストス）はメシアのギリシア語訳だが、メシアとは「油を塗られた者」という意味である。だから天使ガブリエルが手には、ユリの花よりオリーブの枝のほうがあっている。もっともマリアが油を塗られるというような個所はルカ福音書にはない。

三　一角獣と犬

ヴァイマールの元城館のなかにある「中世絵画彫刻コレクション」には、一般にはあまりお目にかからない受胎告知図が何枚か収蔵されている。マリアが一角獣をいだき、狩人姿の天使ガブリエルは犬を連れているという構図である。このなかでも一四九〇年頃に、エアフルトの巨匠の工房で制作されたものはこりにこっていて、象徴という象徴をすべてつめこんだと言いたくなるような受胎告知図である。

もとはトリプティコーネ（三連祭壇画）に描かれたものだが、中世風の砦のなかの庭園の片隅で、おそらく午後のひとときを憩っているらしいマリアが、どこからか走りよってきて、彼女の膝にとびのろうと前脚をかけた一角獣の後首を右手でおさえ、左手は軽く鼻先にあてて、あやすようなしぐさをしている。一角獣のすぐ後には、犬を四匹つれたガブリエルが立ち、右腕には長い杖をかかえ、左手にもった角笛を吹いている。その角笛からおどり出た細長い巻紙にラテン語で「アヴェ・グラシア……」つまり「おめでとう、恵まれた女、神があなたとともにおられる」というルカ福音書の告知文がしるされてあり、これに対するマリアの最終的な答えも巻紙のラテン語になって宙にただよっている。「わたしは神のはした女、御心のままになりますように」

後方に城壁があり、城壁の外は田地がひろがっている。その上方の雲の上に神が顔をのぞかせ、そこから発する光線のなかを幼児イエスがダイビングするようなかっこうでこちらへ飛来しているが、これ

エアフルトの巨匠《受胎告知》
1490年頃、ヴァイマール、中世絵画彫刻コレクション

に先だつ白い鳩はすでにマリアの頭上に到着している。この鳩とイエスとの間にのびている巻紙には、「ヴェニ・アウスタ……南風よ、吹いておくれ、わたしの園を吹きぬけて、香りをふりまいておくれ」（雅四・一六）という「雅歌」の官能的な詩句が読める。もともとは、「雅歌」の乙女が「恋しい人がきて、この園を自分のものにし、このみごとな実をたべてくださる」ことを願っている台詞である。するとこの砦内の園も「私の妹、花嫁は閉ざされた園……園の泉は命の水をくむところ」（雅四・一二〜一五）ということになり、「雅歌」の乙女がマリアの類型にされているのである。

天使ガブリエルとマリアのすぐ後、二人のちょうど中間あたりに閉ざされた木の扉が見える。「主が私に言われた」という予言者の言葉に由来しているにちがいない。「この門は閉じたままにしておく。決して開けてはならない。だれもここを通ってはならない。イスラエルの神、主がここから入られたからである」（エゼ四四・二）。この扉とマリアの顔の間にあるのは葡萄酒（キリストの血）をしぼりだす器械のようにも見えるが、したたっているのはおそらく水で、やはり「雅歌」の「園の泉」を象徴するものだろう。マリアの頭の背後に描かれている容器は「ウルナ・アウレ」と小さな巻紙に記してあるから、まちがいなくマナを入れる壺である。「壺をとって、そのなかにマナを入れてみたせ。それを主の前におき、代々にわたって貯えよ」（出一六・三三）とモーセがアロンに指示した壺である。ひょっとするとガブリエルの右腕の杖も、アロンから借用したものかもしれない。「私の選んだ杖は芽をふく」と主がモーセに予告していたとおり、「翌朝モーセが契約のしるしのある幕屋に入ると……アロンの杖はあおあおと葉をつけ、枝をのばして花を咲かせ、アーモンドの実をつけていた」（民一七・二三）というアロンの杖である。マナの壺のさらに右手には、塔のある風景が幻のように小さく描きそえてあり、「象牙の塔」とある。「乳房は二匹の仔鹿、双子の羚羊。首は象牙の塔」（雅七・四）という官能的な詩句に出てくる比喩の塔である。

中世の絵画彫刻は、字の読めない信者たちに、字にかわる役割をはたしていたというが、この告知図を眺めて納得できるには、まず何よりラテン語の読める階層でなければならなかっただろう。絵といっても、一般人の信仰の対象というより、貴族階級や聖職者たちがたのしむために描かれたものではなかろうか、という気がする。あるいはひょっとすると、ここに描かれている一角獣のアレゴリーや、狩人姿の天使ガブリエルなどは、一般庶民でも中世ヨーロッパ人には、ひと目でその意味がわかっていたのかもしれない。

一角獣はヨーロッパではよく知られた伝説上の動物である。現代ポルトガルの女性歌手のファドにも「わたしの一角獣」というどこか哀切で美しい曲があるが、リルケの『マルテの手記』にも《一角獣と貴婦人》というゴブラン織りのタピスリーについて、マルテが語る場面がある。一角獣、ライオン、犬、猿、兎などにとりかこまれた貴婦人がものうげにすわっている図に、「何もかもこれで、永久にこれでいい」とマルテは感想をのべながら、さらに「ライオンがこわい顔で、だれも入ってくるな、と見まわしている。彼女がこんなに疲れている様子を見たことがない。疲れているのだろうか……しかし彼女は一方の腕を一角獣にのばしている。そして一角獣はあまえるように後脚で立ち、彼女の膝に前脚をの

《一角獣と貴婦人》 16世紀初、コブラン織りのタピスリー、ルーヴル美術館蔵

せている」と語っている。

このゴブラン織りはルーヴル美術館に収納されているが、まるで中世の騎士の槍のような角をもつ一角獣とライオンの二匹だけが、他の動物にくらべてずぬけて大きいのは、この二匹に重要な意味がこめられていたのだろう。その昔一角獣とライオンは仇敵の間柄だった。勝負は五分五分、うまく角をかわせないときは、百獣の王もあえない最後をとげねばならなかったというから、一角獣は猛獣である。象の宿敵だったともいわれていて、一角獣の正体は犀ではないか、と想像したくなるが、前四世紀のギリシアにクテシアスという医者のまねごともできる博学な男がいた。ペルシア戦争のさいに捕虜になり、そのまましばらくペルシア王の侍医として異国で暮らし、帰国後、東方見聞録のような歴史書をおもしろおかしく書きつづった。残念ながらこれは断片しか現存していない

が、これに、東方の国には白いロバに姿の似た有角の馬がいて、角にはふしぎな治癒力が秘められているのだ、と書いている。王侯たちはこの角でつくった器で飲食をしていた。この器には毒消し作用があるからだという。しかし気性の激しい獣だから、一筋縄にはいかない。処女を利用しないと捕らえることはできない。そうクテシアスは書いている。

猛獣を捕らえるのに、処女を利用するというのは奇妙だが、インドの伝説に下敷きがあったらしい。その伝説によると、羚羊に変身したある神の娘に息子がいて、額に角があり、一角と呼ばれていたが、苦行者となって世をすてた。ある年、王国アンガが旱魃にみまわれたとき、賢者たちが、この世すて人を宮廷に呼びもどさなければ、雨は降らないだろうと予言したので、彼のもとに、処女が派遣され、情愛の手管を用いて彼を連れもどしたというのである。これとどこか似たような話はバビロニアにもある。叙事詩の主人公ギルガメシュは暴君であった。民衆はたまらず、神に助けを乞うた。すると神はエンキドゥという荒くれ男を送ってよこした。獣と寝起きをともにしていたというから、いわば半獣である。ギルガメシュはエンキドゥを取りおさえるのに神殿娼婦を利用する。エンキドゥは女に誘惑され、七日七晩、彼女と床をともにした結果、従順な人間にかわってしまう、という筋書きである。

いずれにせよ、クテシアスの話には尾鰭がついた。ローマの博物学者プリニウス（二三／四～七九）などは、馬の体軀をして頭は鹿であって、脚は象に似て、鼻は猪、頭からつきでている黒い角の下から産出されるザクロ石でこすれば、いかなる傷も治ると言ったものであった。こうした話が初期キリスト教時代の博物誌家たちを介して、まことしやかに中世の動物寓話集のなかに伝えられていったようだが、自然をキリスト教的に解釈しようとした彼らは、動物の特徴も、キリストか悪魔かのいずれかにむすびつけた。つまり宗教的なアレゴリーとして叙述したのである。セビリアの大司教イシドール（五六〇頃～六三六）もそうした典型の一人で、著述家としてグレコ＝ローマン文化をゲルマン世界に移植することに大いに貢献したが、一角獣が処女の上で眠りこむというのは、この教父の話に由来するといわれている。

角には霊験あらたかな効力があるとクテシアスが報告した獣は、中世キリスト教世界では鹿に似たような小さな動物に変化するが、角をふりたてて向かってくる気性の激しさはかわらず、したがって策略を弄さなければ捕らえられない。一角獣の現われそうな森に処女を連れていってひとりにする。一角獣は乙女の姿を見るや、近づいてきて、彼女がほんとうに処女だとわかれば、その膝にのって眠りこむ。そこを見はからって、狩人がつかまえるというのである。処女が否か、一角獣がどうやって見わけるのかふしぎな話であるが、もっと性的な匂いの濃い伝承もある。ユングが『心理学と錬金術』に紹介しているものによれば、乙女はただすわっているだけではない。胸をはだけ、乳房をあらわにする。処女の乳房の匂いを嗅ぐと、一角獣は催眠術にかかったようにやさしくなるが、処女でなければ、角で突き殺すという。まことにおぞましい。裏に人身御供あるいは処女判定とか魔女審問といった背筋の寒くなるような現実がかくれていそうな話である。

一角獣の角は妙薬であるという迷信は中世には広く普及していた。尋常でない動物の角とか骨あるいは内蔵に薬効があると信じるのは、洋の東西を問わない共通の心理だが、一角獣の角を売買する薬局まであった。といっても架空の動物の角などあるはずがない。安物はその辺の山羊か鹿の角を削ったものを売っていたらしい。りっぱな詐欺商売だが、高級品は、イッカクとか称する歯クジラ類の海獣の螺旋形の門歯を削った粉末であった。死の床にあるマルティン・ルターを助けようと、友人の辺境伯アルブレヒト・フォン・マンスフェルトはみずから、イッカクの門歯の粉末を匙でのませたという。現代なお犀の角には格別の薬効があるという迷信がヨーロッパに生きているのは一角獣信仰の名ごりだろう。

オランダの画家ヒエロニムス・ボス（一四五〇～一五一六）は、アレゴリカルな宗教画を多く描いたが、そのなかの《悦楽の園》と題する作品では、一角獣が沼の水面に角をつっこみ、水を浄化している。こ

ヒエロニムス・ボス《悦楽の園》（部分）
1510-15年頃、プラド美術館蔵

の絵のように、一角獣の生息する森の奥には「悦楽の園」があるというのは、どうやらケルト伝説が融合しているようである。騎士が奥深い森に入っていく。するとふいに花の咲き匂う園に出る。そこで乙女に出迎えられ、城に案内されるという伝説である。深層心理学的に解釈すれば、母胎願望なのであろうが、中世に通用していたのは深層心理学ではなくキリスト教の釈義である。十一、二世紀頃より、一角獣の話はドイツにもひろまり、園に憩う処女マリアの膝の上で眠りこむ一角獣は純潔の象徴と解釈され、この一角獣を狩るのは、天使ガブリエルということになった。天使ガブリエルの一角獣狩りが、マリアによるキリストの「汚れなき受胎」の象徴となったのである。

角が神聖視される根拠を聖書に見いだすことはできる。洗礼者ヨハネが生まれたとき、父親のザカリアは「主、イスラエルの神の讃えられてあれ／主はその民を訪れ、解放なさった／そしてダビデのしもべの家から／われらのために救いの角を起こされた／昔から聖なる予言者たちの口を通して語られた通り／……」（ルカ一・六八～七〇）と語っている。しかしこの「角」はイエスを意味したものではない。また一角獣の角かどうかもわからない。

旧約に出てくる角は野牛か牡牛の角である。「神は野牛のように角〔複数型〕をもっていた」（民二三・二二）。神が牡牛の角をもっているのは、古代神像におなじみのイメージである。ところがルターは独訳のさいに、「彼らをエジプトから連れだした神は、彼らには野牛の角〔単数型〕のようだ」と、角を単数形に訳した。意識的にそうしたのか、ギリシア語訳のモノケロス〔一角〕に追従したのかはわからないが、ラテン語訳はウニコルニスつまりユニコーンである。古代宗教の象徴的動物であったはずの野牛あるいは牡牛がギリシア語訳、ラテン語訳を介して一角獣と同一視されることになったようだ。こうして処女と一角獣のモティーフがキリスト教的に解釈され、マリアと受肉するキリストになったのだ、と考えられるが、それにしても奇妙である。

「エリ、エリ、ラマ、サバクタニ」と十字架上のイエスが叫んだことを、直接聖書を読めない一般民衆は聞かされていなかったかもしれないが、聖職者、神学者のみならず、ラテン語の勉強に「詩篇」を読んでいたほどの者なら、このイエスの最後の叫びが「詩篇」二二の冒頭の「神よ、神よ、なぜ私をお見すてになるのですか」の引用であることは知っていたはずである。

しかし主よ、あなただけは、私から遠ざからないでください
私の力である神よ、いますぐ私を助けてください
私の魂を剣から救いだしてください
私の命を犬どもの暴力から
私をライオンの口から助けてください
牡牛の角から助けてください　アーメン（詩二二・二〇〜二二）

この牡牛もラテン語訳は一角獣である。すると旧約では一角獣は邪悪な獣だということになる。この獣をイエスにして、マリアにだかせるのは不可解千万である、と異議を唱えてももう後の祭りではある。

マリアという歴史上の一女性は、キリスト教以前、以外の信仰や神話を受けつぐ運命を担わされていたのみならず、後世の思想、文化、民間信仰や伝承などを吸収することも、強いられたのであろう。だから王冠をかぶったり、貴婦人の衣裳をつけて、ゴシック様式の装飾のほどこされた居間にガブリエルを迎えたり、ゴシック大聖堂の床に敷物をしていてすわり、ラテン語の聖書を読んだり、庭園で一角獣をあやしたりもしたのだ。

処女と一角獣を歌った民謡を、ある聖職者が本歌どりして、マリアにあてはめた歌がある。

私が狩人と申すは
われらにすでによく知られた人
高貴な一角獣を狩る狩人の
その名は聖ガブリエル

狩人は当然ながら犬を連れている。この歌の狩人も犬を四匹つれていて、

その意味するところ
正義にまこと　いつくしみに平和
一角獣は主イエス・キリスト

われらすべての救世主

エアフルトの巨匠の受胎告知図の犬もやはり四匹いる。それぞれ小さな巻紙をくわえていて（口からおとしているのもいるが）、遠目には、犬の吠え声が可視化されているようにも見えるが、巻紙の上には、手前から「正義」、「いつくしみ」、「平和」、「まこと」というラテン語が書かれている。このスローガンの由来もまた「詩篇」で、「いつくしみは、まことと出あい、正義と平和は口づけし、まことは血から萌えいで、正義は天よりふってくる」（詩八五・一一～一二）という詩句から取られたものである。

狩人は中世世界では、常人を超える存在とみなされていた。奥深いぶきみな森のなかで獣と語ることができる人物として、魔法使いに近い魔的な力がそなわっていると思われていた。だから、だれにも捕らえることのできない一角獣を、狩人ガブリエルが神から贈られた犬を使い、処女マリアの懐に追いこみ、受肉させるというアレゴリーは、この「一角獣の受胎告知図」を眼前にする当時の信者には自明なことだったのかもしれない。

しかし犬もまた受胎告知図にはほんとうはそぐわない。狩人なら犬を連れていて何のふしぎはなく、犬は現実に人間から愛される動物ではないか、というのは現代の常識かもしれないが、いま一角獣が奇妙だという証拠に引用した「詩篇」二二にもあるように、犬は旧約でも新約でも嫌われものだったのである。

遊牧の古代イスラエル人たちは、新約の時代にもその習慣を伝えているように、「自分の羊を一匹ずつ名を呼んで外へだす。自分の羊をすべて連れだすと、その先頭に立っていき」（ヨハ一〇・三～四）、犬を使うことはなかった。犬をよほど嫌っていたようである。日本にも、「犬にでも食われて死んでしまえ」という罵倒語があるが、旧約の民は、主に呪われたまま「町で死ぬと、犬どもに食われる」（王上・一四～一一）といって、犬を怖れ、「良心のない不法者たちを容赦しないでください。彼らは日暮れになるともどってきて、犬のように吠え、町をうろつきます」（詩五九・六～七）と主に訴えている。犬はごろつき、やくざのたぐいを象徴する動物であった。イザヤも、「強欲であくことを知らない」者たちを、「この犬ども」（イザ五六・一一）と罵倒しているし、主の忌み嫌う「外国の女」をこよなく愛したソロモンも犬を嫌った。馬鹿をくりかえす愚か者のことを、「自分の吐いたへどにもどってくる犬のごとし」（箴二六・一一）と言ったものである。

イエスも犬好きだったとは思えない。「聖なる物〔神殿に捧げる神聖な羊の肉〕を犬に与えてはならない。あなたがたの真珠を豚に投げてはならない」（マタ七・六）、「子どもたちのパンをとって、犬に投げ与えるのはよくない」（マコ七・二七／マタ一五・二六）と、犬には否定的である。当時やたらと野犬がうろついていたのかもしれない。ルカの叙述する犬も、金持ちの門に横たわっていたできものだらけのラザロに近づき、そのできものをなめ、「犬になめられたラザロはまもなく死んでしまう」（ルカ一六・一九～二〇参照）のである。

黒犬を魔女の使いとみなすなど、中世ドイツには犬に関する迷信は少なくない。犬はぶきみがられ、不吉な動物とみなされることのほうが多かったようである。見知らぬ犬が路上で吠えていると、きっとそこに凶事が起こると信じられていた。

ハイネに、マリアの奇跡信仰をパロディー化した詩『聖母マリア』がある。息子の病気快癒を願って、母親が添い寝をしている部屋に深夜マリアが入ってくる。

病気の息子に近づいて
彼女はそっと身をかがめ
胸にやさしく手を置いて
しずかにほほえみ出ていった

母は気がつく夢うつつ
うす暗がりにはっとして
まぶたをこすり身を起こす
犬の吠える声がした

見ると息子はぐったりと
手足をのばし死んでいる
血の気の失せた両頬に

夜明けの光があわくさし

…………

ハイネが犬と女神について何か古い伝承を知っていたかどうか知らないが、ヤハウェの民が犬を悪く言うのには、どうも理由がありそうだ。イスラム教でも犬を嫌い、女と犬は聖所に近づいてはならなぬ、という掟があったが、犬は古代の母権制社会ではきわめて重要な動物だったのである。月の女神のお供だとされていた。その女神が死んで以後（あるいは男神によって冥府に追い落とされて以後）、犬は冥界の入り口を守る番犬となり、死者を迎え、冥界に連れていく役を担うことになった。古代ヴェーダの思想によれば、月そのものが死の門であり、この門は二匹の犬で守られているという。死の門を番する犬の伝承はアイルランドにもあるというから、犬の神話は早くから広範囲にひろがっていたものと思われる。エジプトでも王朝以前の最古の神はアヌビスだが、その正体はジャッカルだという。古代エジプトの壁画のアヌビスは犬の顔をした神で、死んだオシリスを見つめているが、この時代のアヌビスはすでに死の国の神、ミイラづくりの神でもあった。

アヌビス神　前7世紀、大英博物館蔵

　ギリシア神話のアルテミスは狩りの女神であり、女狩人として犬を連れていたが、アドニスなどがこの犬に八つ裂きにされる神話には、母権制の父権制に対する最後の戦いが反映されているのだろう。ディオゲネス（前三二三没）などのキニコス（犬のような者たち）派は、北極星にしばりつけられている犬の鎖が切れたときが世界終末だと考えていたが、エジプトのアヌビスもまた、オシリス崇拝が占星術と関係していったために、ともに夜空にのぼり、シリウス（犬の目）となって輝く。コプト教会のキリスト教徒たちは、このアヌビスを天使ガブリエルと同一視したものであった。つまりガブリエルは死者の裁判官なのである。だとすれば、犬をつれたガブリエルの告知は、すでにイエスの死をも予告しているのだというのは、うがちすぎかもしれないが、この種の受胎告知図に対しては、トリエント公会議で疑念が表明され、以後制作は急速に減り終息してしまう。

四　マリアの読書

ある意味で、受胎告知図のなかで最も重大なのは、ガブリエル訪問時にマリアが読書をしているという構図である。カトリック当局は（おそらくオリゲネス以来）、マリアの口をついて出た「マニフィカト（マリア讃歌）」が何より、マリアが旧約聖書を熟読していた証拠である、と主張してきたものだが、これはルカの創作なのであって、マリアの口からこれがすらすら出たというのは、こじつけマリア論である。キリスト教神話のうちに生きている者には、マリアが無教養で文盲だったなどというのは言語道断に聞こえるであろうが、「はした女」のマリアにはたして字が読めたのか、問うてみる必要があろう。

ベン＝コリンは、母親が幼児教育にあたるという当時の習慣と、イエスの神童ぶりから推察して、マリアは貧しい境遇にもかかわらず、かなりの教養を身につけていたという見解を表明している。

すでに前章に述べたことだが、おそらくマリアは賢母ではあっただろう。しかし男性社会ユダヤの寒村ナザレの貧しい家庭の娘に、律法学者から教育を受ける機会などあるはずはなかった。子どものしつけは先祖伝来の母親の義務として、誠実にはげんでいただろうことは、新約のわずかな記述からも推測できるが、旧約聖書について、耳学問以上の知識があったとは考えられない。

マリアの教養を主張する根拠に「ヤコブ原福音書」という新約外典がある。後の章でまたとりあげるが、二世紀後半にマリア崇拝を促進する意図で、マリアの処女性ならびに彼女の由緒の正しさを宣伝すべく書かれたものである。マリアは三歳で神殿に捧げられ、十二歳頃まで女部屋で暮らしたというこの外典の記述を盾にとって、その間に律法学者から教育を受けたにちがいないというのである。ところでこの匿名の著者は、アルテミスの神殿に処女が送りこまれていた習慣を借用してマリアの神殿暮しの話を書いたのだろうが、エルサレムの神殿は巫女をもたなかったはずだから、史的事実として信憑性のないつくり話である。

ユダヤの寒村ナザレの大工の女房には、読み書きの教育を受ける機会はまずなかったと考えなければならない。ところがそのマリアが中世には、教養ある貴族女性に変化した。マリアを貴族にしたてあげなくてはならない事情があったにちがいない。アルザスのヴァイセンブルク修道院の修道士にして詩人のオトフリート（八三〇頃～八八〇頃）が、キリストの生涯を古高ドイツ語で歌いあげたとき、マリアに

「詩篇」を読ませている。シュライナーによれば、これは中世初期の女性教育事情を反映したものだという。つまりラテン語で「詩篇」を読むことは、貴族階級の女性にとって、教養上のたしなみであり、また彼女たちは、「詩篇」によってラテン語を学習した。そういう貴族女性たちの事情がマリアに反映したのだという。ボナヴェントゥラ（一二二一〜七四）もキリストの生涯を瞑想録風につづり、ガブリエルが現われたとき、マリアはちょうど「イザヤ書」の七章一四節を読んでいたことにしている。「見よ、若い女が子どもを身ごもり、男の子を産むであろう……」という、ルカが受胎告知の場面に引用した有名な個所である。

貴婦人たちの生活の反映であったマリアの読書は、中世初期から盛期にかけてさらに発展し、むしろ彼女たちの模範になるという機能をもつようになる。「マリアは中世の聖書解釈学者が彼女の社会的精神的ランクをいちじるしく高めたために、この模範機能を行使することができた」（シュライナー）わけである。ところがこの事情に、また変化が生じる。何かとマリアにすがり、マリアに願い事をして奇跡を期待する庶民の間に、読書するマリアは、貧しい家庭の娘にも字が読める能力を与えてくれるのだという奇跡信仰が生まれてきたのである。下層の者たちに、読み書きなどは身分不相応であり、ましてや女に何の必要があろうか、という時代であった。庶民層の娘たちに、字を習い本を読む機会はまったく奪われていた。だから読書するマリアの姿は頼みの綱であった。熱心に祈れば字が読めるようになるという信仰がひろがっていった。女性が、読み書きを習いたいという欲求の強力な後ろ盾にマリアはなったのである。

これは中世の女性蔑視の主流にとってまことに具合の悪いことであった。十三世紀のはじめ、ドミニコ会会士ハインリヒ・フォン・ゲントは、「神学というものは、確信をもってみなのまえでくわしく話すことができ、だれが反対しても、きちんと擁護できるくらいこれの秘儀に通じているのでもないかぎり学ぶものではない。だから女にはこれは向いていないのである。公的な場所で女に授業することは許されない。……女の悟性は弱く、それゆえ授業に必要な完璧さというものを、この学習において習得するなど不可能なのである。それどころか、この知識の隠された深奥に入ろうとすれば、女は道に迷い、前進どころか後退してしまうだけである」（シュライナー論文より孫引き）と述べている。

女が学問などしてろくなことにはならない、という考えは日本でも二十世紀半ば頃までは根強く残っていたが、ヨーロッパ中世には、いま引用したような見解というより確信をいだいていた聖職者や学者がほとんどすべてといってよく、教育改革に熱心だった人文主義者ヴィンプフェリング（一四五〇〜一五二八）でさえ、娘というものは、手芸にでもいそしんでいればよいという意見であった。女はよけいなことは知らなくてよろしい。ひかえめで礼儀正しく、素朴なのがよろしい。家庭の良き主婦となるよう裁縫や糸紡ぎでも習うべきで、どうしても読み書きが習いたいなら修道院へ入るがよろしかろうというのが中世インテリたちの見識であった。彼らが聖書的なよりどころとしたのは、おそらく「女が教えたり、男の上に立つのは許しません。女はむしろ静かにしているべきです。アダムが最初につくられ、エバはそれからつくられたからです」（テモⅠ二・一二）というパウロの言葉だっただろう（ちなみにこの書簡はほんとうはパウロの手になるものではないことが現在では判明している）。

手芸にいそしんだり花嫁修業するなどアナクロだ、といってまた読書する気もさらになく、頭髪を茶色にそめて巷を徘徊するいまの日本の娘たちを見れば、ヨーロッパ中世の教育家は仰天することだろうが、とにかく女は字が読めなくてよろしいというのである。直接口にだしては言えないような恥ずかしいことを、歌や物語にして女に手紙する男がいる。女に字が読めて、こんな手紙が読めたりすると、女の性の弱さゆえに、おかしなことになる。こんな妙に論理的な屁理屈も当時は通用していたのである。

読書するマリアは、こうした風潮のなかで、ヴィンプフェリングのような教育家より、はるかに啓蒙主義的な機能を発揮しただろうと思う。この意味で、いまはニュルンベルクのゲルマン国立博物館に収蔵されているコンラート・ヴィッツ（一四〇〇〜一四四四）の告知図など注目すべきものだと思う。

コンラート・ヴィッツ《受胎告知》
ニュルンベルク、ゲルマン国立博物館蔵

この告知図はさきほどのマルティーニなどの告知図とまったく異なり、何の飾りけもない。木組みのいかにも庶民的な小部屋で、これまた庶民的な娘が熱心に読書している。ユリもなければ、鳩の姿も見えない。この受胎告知図ほどマリアの読書をつよく印象づけるものは他にちょっと見あたらない。彼女の背後の戸口に現われたガブリエルのほうに少しふり向く様子は見せているが、本はしっかりもったまま、読んでいた頁を失うまいと右手の四本の指でおさえている。左手は、手首から手のひらにかけて乗せているこの本の上部に下から指先をまわしてもっている。これは娘たちが興味ある本を夢中になって読むときによくとるポーズである。

ヴィッツは、二十世紀はじめになって初期キュビズムの画家たちが、前古典主義的で俗に「プリミティブ」などといわれてきた芸術に、ルネサンス古典芸術の単なる前段階ではない独自な価値を見いだしてから注目されるようになった画家だが、この一見素朴に描かれているように見える部屋の空間構成は、決して素朴ではなく、リアルな効果を狙う計算が働いている。部屋の後方に見える小さな窓には、窓枠のかすかな日影がななめについていて、これで淡い外光がみとめられるが、これはただそれだけのことである。つまりまことに自然で、ここから天来の光がマリアの頭上に射したり、鳩が飛来したりするという受胎告知図によくある方法をとっていないのである。むしろこのマリアを見る（つまりこの絵を見る）者の背後から、はるかに強い光が部屋に射しこみ、しかもやはり背後から人影か物影が、細長く床にのびている。このためにマリアを見ている者は、自分のななめ後にもう一人だれかが立っているか、それとも背後に柱のようなものが影を投げているという錯覚にとらわれるだろう。そしてこの錯覚のために、目の前のマリアが手をのばせば、とどくような近くにリアルに感じられるのである。画家がはたして、マリアの読書を強調する意図をいだいていたか否かは、わからないが、このような告知図が、たとえば知性における男女平等を主張したクリスティーヌ・ド・ピザン（一三六四〜一四三〇）のフェミニズム運動をささえるような機能を発揮したとしても決してふしぎではないと思う。

第二章　マリアから悪魔、魔女、聖女までの距離

▶ムリーリョ《無原罪の御宿り》
1660-65年頃、プラド美術館蔵

一　月と蛇の上に立つマリア

カール大帝が八世紀末に居城をかまえたアーヘンは、現在はドイツ有数の観光の町だが、ここの司教座聖堂の内陣の天井からつるされた光輪内に、マリアが蛇のからみついた三日月の上に立っている。「無原罪の御宿り」のモティーフによる十六世紀の立像である。司祭神学によれば、邪悪と罪を象徴する蛇と異教の女神の象徴である月を踏んで、太陽光輪のうちに立つこのマリアは、キリスト教の勝利の表明であるという。しかしそのマリアの姿が母権的な時代の女神を背後にしていることを逆に露呈しているように見える。蛇はヤハウェによって塵のなかへつきおとされるまでは、復活、再生の象徴であったし、月もまた生命の維持と更新をつかさどる力をしめすものである。四三一年に、マリアを「神の母」とさだめた公会議が開催されたエフェソは、月の女神アルテミスの信仰のあつかった場所であ

〈無原罪の御宿り〉
アーヘンの司教座聖堂、16世紀

る。

前章でも述べたように、生殖に関する生物学的知識のない原初母権時代には、女性と月経のむすびついた月は、受胎をつかさどるものと信じられていた。月は女のうちの男性的要素を象徴するものとして、女と本質的に関係し、子の懐胎能力〔母胎〕および養育能力〔乳房〕と密接につながっていたのである。だから性交は妊娠に直接つながるものではなく、また男の存在価値が問題になるものでもなかった。女の本質的な生活体験である創造行為は、月と呪術的にむすびついていて、生命、豊穣を担うのは、女の超自然力とみなされていた。したがって典礼上の職務も、とうぜんながら女性のほうが適していた。古代中国の女シャーマン、古代ケルト人の女祭司、ゲルマン族の女幻視者、古代ギリシアの女占い師、古代エジプトの神の歌い手などの存在は、これを人類史的に裏づけるものであろう。

マリアはしかし古代の女祭司でも幻視者でもない。ガリラヤの寒村の貧しい一住民にすぎなかった。それが死後、絢爛豪華な衣裳を身にまとい、冠をいただく天の女王となって、太陽光輪のなかに出現するようになった。この経緯の解明には、たしかに古代宗教の女神に関する調査が大きな役割をはたしているが、しかしこの「蛇」や「月」といった母権的生命力と豊穣の象徴が否定すべき邪悪なものとなったり、一女性から性的要素が完全に抜き去られてしまう過程の説明は一筋縄ではいかないだろう。歴史上の人物が神格化されていった過程は、民衆の願望により大地母神がマリア崇拝に引きつがれたのである、ですませるような単純なものではない。たとえば神経症的な女性憎悪の書『魔女に加える鉄槌』(一四八六)の共著者であったケルン大学神学教授ヤーコプ・シュプレンガーが、なぜあれほど熱狂的にマリアを崇拝していたのか、という問題なども考えに入れなくてはならないだろう。

クリスタ・ムラックの解釈によれば、人類史の最初から女は男に太刀打ちできない性的能力を意のままにしていた。生命を産みだし、維持し、育てる能力は、女が歴史的にかちとったものではなく、自然の摂理である。だから「生まれつき不利な状況にある男の自己体験は劣等感からはじまった。しかしながら何千年にわたって、教育措置により、この男の劣等感を攻撃的な嫉妬心に転換させないできたのである。……女の女権的存在様式に男を参加させるために、祭祀や典礼を発展させ、自分の愛する男と自分の権力を分けあった。権力に関与するために、男は女の愛を獲得しなければならなかった。もっともこのような関与が機能し得たのは、男が存在次元において、自らを女と同一視していた間、つまり彼女を真に愛していた間のことであった。心理学的に見て、家父長制は、この同一視がもはや成就し得なくなり、そして権力への意志が、役割のますます小さくなりはじめた愛への意志と一線を画するようになるときにはじまった。同時に男は、女との愛情によるコンタクトなしに、権力を行使できる可能性を模索しはじめた。と同時に、自らの不毛性を埋めあわせるものが必要」になったという。

フェミニズムの色眼鏡をかけた古代解釈である。父権制文化のなかで育ったフェミニストたちの自己美化的な回想である。女が生命を産みだし、維持し、育てる能力は自然の摂理であり、また女が男には太刀打ちできない性的能力を意のままにしていたのは、まぎれもないことだろう。だからまず人祖女像が崇められていた。しかし何千年にわたる間「教育措置により、この男の劣等感を攻撃的な嫉妬心に転換させないできた」というのは、現代の女性の回顧的願望表現にすぎない。古代に「教育措置」などという意識的な操作があったとすれば、それは、原初的無意識的な母権制世界を終焉させるような機能をはたすものだったはずである。受胎は性交と直接むすびつかないという母権的女性意識には、性交そのものは無名の不定の男との遊戯にすぎなかった。男が女の愛の対象になったとしても、それは稚児的愛玩対象以上のものではない。男はまだ無意識的な去勢状態にあったのである。母権制世界では男女の人格が平等に尊重されあっていたというのは、現代人のいだく願望幻想でしかない。古代母権制世界はこのような願望幻想とは異質なものである。

初期石器時代から新石器時代にかけて、母権制がしだいに駆逐されていく過程には、男性的自我が発言力を増してくるような人類史的規模の生物学的、社会学的生存条件の変化があったにちがいない。母権制社会が父権制社会にとってかわられるのは、ユダヤ＝キリスト教文化圏における偶然ではない。仏教世界でもゴータマの時代には、後述のボゴミール派、カタリ派の場合のように、男女は宗教的に平等であったが、仏典が編纂される時代になると、女は仏性にはいたれない存在として差別されるようになる。社会維持の方向は、「自然の摂理」とは一致しなかったもののようである。父権制世界の成立を必然的なものにした事情については、女性の性的能力に対する男の劣等感、恐怖心といった深層心理学的要素と同時に、外的な社会的事情、歴史的状況も視野に入れなければならないだろう。

幼児期における人格形成の出発点をなす劣等感は、性欲とは無関係だとしてフロイトと対立したアードラーの説は、母権制から父権制への移行過程に関しては説得力がうすい。女に対する男の劣等感は、何といっても女の性的能力、肉体的快楽の能力に対するものである。だからこそ母権制が父権制あるいはは家父長制に駆逐されるとともに、ことにユダヤ＝キリスト教のように強い毒性をもった父権制宗教においては、性行為そのものが罪深い悪、魂の救済を阻害する邪悪なものとみなされ、宗教的なものと性的なものが二律背反的なものとみなされるようになったのである。ヤハウェの異常なほどの嫉妬深さも、ここから説明がつくと思う。

ヤハウェは「人間を地上につくったことを後悔し」、大洪水をひきおこした。しかし何ゆえに後悔したのであろうか。彼の腹にすえかねるようなことを、人間がやったからにはちがいないが、「主は、地上における人間の悪は大きく、彼らの心の思いはかるところは、つねに悪であるのを見て」（創六・五）後悔した、という正典の記述は抽象的で、いったいその「人間の悪」は何だったのかよくわからない。ただこの章の冒頭に、「地上にしかし人間がふえはじめ、彼らの娘たちが生まれると、神に仕える息子たちは、この娘たちが美しいのを見て、自分ののぞむ妻にした」とあり、これが嫉妬の神ヤハウェの気に入らなかったのだろうと推測できるくらいである。ところが「エチオピア語エノク書」という旧約偽典の六章から九章にかけて、「その頃人の子が数をましていくと、彼らにみめうるわしい美人の娘たちが生まれた。これを見たみ使いたち、（すなわち）天の子たちは、彼女たちに魅せられ……各人ひとりずつ女を選び、これと関係をもち、交わりはじめた。また女たちに医療、呪術を教え……（その後）はなはだしい不敬虔なことが行なわれ、人々は姦淫を行ない……女たちは巨人を産み、こうして全地は（流）血と暴虐に満ちあふれた」（村岡崇光訳）

「天の子」つまり天使たちが、美しい女に魅せられた。これがヤハウェの怒りを買った。そうこの偽典ははっきり書いている。美しい女と堕天使との性的交渉や女たちの呪術習得にヤハウェは激怒したわけである。

今日のプロテスタント神学は、カトリック教会がマリアに付与したものを、ふたたび神に返すという意図から、ユダヤ＝キリスト教の神の女性的側面、母性的側面を見なおそうとしている。ヘブライ語のルアーハ（霊）が女性名詞であることに注目しようという。つまり聖霊は三位一体における処女的、花嫁的、母親的位格だとし、聖霊の女性性を重視すべきだというのである。しかしこれはマリアの処女神話より、さらにわかりにくい弁神論である。いずれにせよ、女の出産力と自然の神秘的創造力が同一視されていた母権制的原初時代には、性的、霊的な力が人格化され、大地母神となったわけだが、やがて女神が男神に駆逐されると同時に、本来的な女性性は抑圧されてしまうのである。

マリアが古代の神話伝承の核心をなす地母神信仰を吸収したにしても、これは決して自然な形で遂行されたものではなかった。最初からマリア崇拝が存在したわけではない。むしろ逆で、三位一体を唱えた最初の神学者として有名なテルトゥリアヌス（一五五頃～二二〇頃）などは、マリアはキリストを信じていなかったと批判したものである。テルトゥリアヌスはカルタゴのローマ軍百卒長の息子として生まれ、法律家となったが、一九五年にキリスト教に改宗すると、それまでの享楽的な生活から一転して、女性軽視の禁欲生活者となった人物である。彼のマリア批判はある意味では正しい。第一章ですでに述べたが、マルコ福音書から読み取れるように、マリアは息子のイエスを、彼の生前には理解できないでいたからである。しかもテルトゥリアヌスはこの点に関して例外的存在ではなかった。マリア崇拝の傾向がしだい大きくなるなかでも、三世紀頃にはまだマリアを軽視する教父は少なくなかった。ところがついにはマリアに「神の母」という称号が与えられ、これに異を唱えるものは、異端として追放される事態になったのである。

「テオトコス（神の母）」は、四三一年のエフェソ公会議で公認されたものであるが、この公認にはすったもんだがあった。公会議を召集したのは東ローマの皇帝テオドシウス二世だが、気の弱い優柔不断な皇帝であった。彼は、妃エウデキアが信奉するネストリウスを重んじ、四二八年にコンスタンティノポリスの総主教に抜擢したが、ネストリウスは、マリアをクリストコス（キリストの母）と呼んでいた。つまりキリストの人性の母であって、神性の母（テオトコス）ではない、という見解である。ネストリウスは総主教就任後も、マリア崇拝の傾向の弱体化につとめた。これにアレクサンドリアの総主教キュリロスが噛みついた。この主教というのが口八丁手八丁の策略家で、当時評判の女哲学者ヒュパティアを謀殺したのもこの男である。ネストリウスに神学論争をいどんだといっても、じっさいは、時の教皇ケレスティヌス一世をうまく動かして一方的にローマに会議を召集し、ネストリウス派を断罪したのである。こういう既成事実をつくっておいてから、地元のアレクサンドリアであらためて会議を開き、ネストリウスに対する十二箇条からなるアナテマ（破門状）を採択させた。アナテマをつきつけられては一大事である。おそまきながらネストリウス側も反撃に転じた。皇帝テオドシウス二世は板ばさみにあって困惑する。帝国の実権を実際上にぎっていた彼の姉プルケリアが、弟の妃に対する意地だてからキュリロスの肩をもっていたからである。そこで何とか妥協の道を見いだそうと召集したのがエフェソ公会議であった。するとキュリロスはエフェソの主教メムノンに働きかけ、教皇使節や反対派（アンティオケ学派）の到着するまえに会議を開かせ、またもやネストリウスの破門を決めたものである。ネストリウスも負けじと、逆にキュリロスの破門を宣言した。が、キュリロスはあきらめない。こんどはプルケリアに取り入って、ついに皇帝をも味方に引きこみ、ネストリウスを異端としてアンティオケに永久追放することに成功したのであった。これが「神の母」が公認されるにいたる顚末である。

しかしこのエフェソが熱狂的な女神崇拝の地であったという事情も、キュリロス側に有利に働いたにちがいない。パウロが宣教にこの町を訪れたおりの様子を、ルカはこう記述している。「彼らは声をひとつにして、エフェソのアルテミスこそ偉大なれ、と二時間も叫びつづけた。そこで町の文書官が群衆をなだめにかかった。〈エフェソの諸君、このエフェソの町が偉大なアルテミス神殿と天より降ってきたその神像の守り役であることを知らない者がいるだろうか。これはだれも否定できるものではない。だからどうか静まり、ばかなまねはしないように〉」（使一九・三四〜三六）。エフェソは古来アジア的女神ディアナの崇拝が盛んであった。これがやがてギリシア神話のアルテミスと同一視されるようになり、ギリシア人はここにアルテミス神殿を建設し、処女祭司をおいていたという。パウロが宣教に現われたため、人々は女神アルテミスの威光が消えるのを怖れたのであった。このような女神信仰を克服する手段が、どうしてもキリスト教には必要であっただろう。

カトリック当局はマリアに「神の母」の称号を与えると同時に、あらためて彼女の処女性、無原罪性を強調し、古代の女神信仰にむすびついた性の排除につとめた。「主の聖霊は処女により人間となった」

のだと強調した殉教者ユスティノス（一〇〇頃～一六五）はすでに、蛇の言葉を受け入れたために堕罪したエバをもちだし、罪ははじまったのと同じ方法で（つまり女を介して）廃棄されるという図式を提示していたが、この図式にますます毒がこめられていく。アダムを誘惑し堕罪させたエバは悪魔と結託していたのだとローマ時代の神学者たちは主張したものであった。しかも現実の女性はこのエバの後裔だとされ、魂の救済を阻害するものとみなされた。マルヒタールの大修道院長コンラートは、「女の邪悪は、この世の他のすべての邪悪より大きい」とまで断言した。エバの後裔だから当然ながら悪魔とむすびつく、という理屈である。アレクサンドリアの神学者オリゲネス（一八五／六～二五四頃）は女から解放されたいために、去勢したという。それほど強迫観念のとりこになっていたのである。

二　悪魔と異端

キリスト教の中世世界では、肉体そのものが魂の救済を阻害するとかたく信じられていた。だから禁欲者たちの肉体敵視、なかんずく性衝動敵視はもうヒステリー性といってよいほど度外れたものであって、肉体をいじめぬく禁欲生活こそ「最高理想」とみなされた。「性的なものは、ほとんどすべてが重罪とされ、病理学的なほどの貞潔が神聖だとされ、快楽には悪の烙印が押されていた」（デシュナー）。教会が大いにすすめたものに鞭打苦行がある。鞭でもって自分の身体をめちゃくちゃに打ちのめすのである。現代ならよほどの変態性欲者、マゾしかやらない行為だが、マイスター・エックハルトの弟子であったドミニコ会会士のハインリヒ・ゾイゼ（一三六六没）などは、八年間も、連日鞭打苦行に励んだという。これだけではない。三十本もの釘先のでた木の十字架を背負い、それを自分の拳で打ったというのである。シエナの修道女カテリーナは、少女の頃から、尋常ならざる断食をおこなっていた。口にするものは、少量のパンと生野菜と水だけで、これ以外のものを食べるのは彼女にとって苦痛でしかなかったという。修道女になってからは、この食事さえ拒絶するようになり、食事を強いられると病気になった。現代なら心因性拒食症と診断されるだろう。彼女は聖体拝領だけで生命をたもち、慈善活動に従事し、三十三歳で他界するが、崇拝されて聖女となった。しかし生前には、彼女を魔女だと指弾する者たちもいた。聖餐のパンだけで生きていけるはずがないというのであった。この疑惑はいかにも科学的のようであるが、ほんとうに科学的なら、隠れてこっそり何か口にしていたのだろうという推測になり、したがってペテン師とみなしても魔女にはしない。彼女を魔女だと指弾した者たちは、彼女の超人的な活動を見て、悪魔から滋養物を得ているにちがいないと考えたのである。こういう論理は科学的ではなく、擬似科学的なのである。この擬似科学的な思念こそが、後述するように、後期封建主義から初期資本主義に移行する社会的宗教的変動期を背景にして、魔女狩りを促進する一大要素となったのである。魔女というと、日本では興味本位のお話のように心得ていた向きもあるが、これはヨーロッパ（ことに西欧）の精神構造が生みだした恐るべき妄想の産物だったのである。いうまでもなく魔女は現実には存在したこともないし、存在するものではない。

悪魔のような奴とか魔性の女とかいう。現代では、悪魔はある種の人間の根性や性向を表現する比喩である。しかし魔女狩りの横行した世界では、悪魔はれっきとした存在であった。素裸で痩せた悪魔を描いた絵がある。頭部は羊か山羊のような角があり、猪のような牙をもち、背中には天使が廃棄処分にしたのを拾ってきたような（あるいはかつて天使であった名ごりとしての）翼がはえ、尻が顔にもなっていて、肛門は口でもあり、足先には草食獣のようなひづめをつけ、まことに醜悪に描きあげている。もっとも画家の空想力はいま問題ではない。問題なのは、ヨーロッパの悪魔は、粗暴だが単純な日本の鬼などとはちがって、神と張りあえるほどの権能をもっていて、しかも女と性関係をもつと信じられていたことである。

この悪魔に象徴される悪の理論は、キリスト教の教説を神学的に系統だてようとする過程のなかで発展したのである。「使徒行伝」によると、パウロがアテネにやってきた頃、この町のいたるところに偶像が立てられていたという。彼はこれに憤慨し、連日、ユダヤ教の会堂では「ユダヤ人や神を怖れる者たち」と、広場では「通りすがりの者たち」と論じあった。ときには「何人かのエピクロス派やストア派の哲学者」も議論に加ったりしたが、パウロがイエスの復活を説くと、ほとんどの者たちが

ミヒャエル・パッハー
《聖ヴォルフガングと悪魔》（部分）
バイエルン州立絵画館蔵

笑いだしてしまった。それでも何人かは改宗した。そのなかにアレオパゴスの議員ディオニシウスがいた（使一七・一六以下参照）。このディオニシウス・アレオパギタが後に、存在するものはすべて神より出て、また神に還ることをのぞんでいるのだ、という一元論を唱える。ところがそこで、この世に悪が存在するという問題にぶつかった。彼はこの問題を解決するために、悪は存在するものの欠陥であり、善の欠如であると定義したのである。彼の影響を受けたダマスクスのヨアンネス（六七五頃～七五〇）もまた、存在するものはすべて善だとした。そうして悪はこの秩序の壊乱のことであるとみなし、これを光と闇の比喩でもって説明した。本質である善の欠如は、光が欠けていることであり、この状態が闇なのだというわけである。こうして悪は実体のない非存在とみなされることになった。この神学的理論によれば、悪魔は存在しないもの、つまり非存在の象徴になるわけだが、悪を存在の欠如とする思惟構造はドイツ観念論のうちにもなお生きつづけている。

ところがこの悪に関するグノーシス派の解釈はローマ教会を震撼させるものであった。キリスト教がローマ帝国で公認される頃には、グノーシス主義は異端として追放されてしまうが、正統派がこれの撲滅に躍起になったのは、グノーシス派がヤハウェを邪悪な神とみなしたからである。グノーシス主義の神話的世界観によれば、世界は三層をなし、第一層は霊気（プネウマ）からなり、グノーシス的人間以外には見えない聖なる永遠の世界である。第二は霊魂（プシュケー）の世界であって、信仰によって到達することができる。第三は物質（ソーマ）の世界で、普通の人間の生きている世界なのである。物質世界は何かの欠如ではなく、実体ある世界なのである。

グノーシス派は四世紀に異端として追放されてしまったにもかかわらず、十世紀末にはふたたびグノーシス主義的二元論が台頭してくる。ルーマニアにボゴミールという人物が現われ、九五〇年頃、グノーシス主義やマニ教を取り入れたボゴミール派を開いた。ボゴミール派の二元論によると、悪魔とは、光と善の神から独立した悪の神サタナエルのことであり、サタナエルが物質世界を創造した。したがってアダムを創造したのもこのサタナエルである。ところがアダムには欠陥があり、生命が右の人さし指から流出してしまった。あわてて霊気を吹きこんだが手おくれであった。サタナエルは絶望し、光の主に人類の創造に加勢するようにと頼みこんだ。だから人間の魂だけは、善と光の主により吹きこまれたのである。サタナエルは泣きついたくせにたちまち光の主を裏切った。蛇に姿をかえて、その尾でエバと性交し、カインを孕ませたのである。主は罰として、サタナエルから神の姿と創造力をとりあげた。以来悪魔サタナエルと神の格闘がつづいていて、悪魔は手下のデーモンたちと、手をかえ品をかえ、肉体のうちに囚人のように捕らえられている人間の魂の堕落につとめているという。サタナエルとは、ここでも旧約の神ヤハウェが究極的に意味されていた。正統派には許しがたい教説である。

悪魔は、時代とともに様相が複雑になっていく。キリスト教が北方の異教と出あうことにより、悪魔の観念にも異教の要素が混入してきたからである。この事情をラッセルが詳しく叙述している。彼の著書に引用されているアナトリア地方の「テオフィロス物語」は、第二章で紹介した宗教劇『テオフィロス』のもとになっているものだが、悪魔に魂まで奪われるような性的悪徳に耽っていた者を救うのがマリアだという筋書は、各国語に翻訳されヨーロッパ諸国にひろまり、マリア崇拝のみならず悪魔や魔女の概念にも影響を与えたという。

民間伝承によると、悪魔はひとり者ではなく、家族があった。家族のなかで強大な力をもっていたのが祖父ではなく祖母だというのがおもしろい。しかもこの祖母は、ホルダの血筋を引いているという。ホルダとはゲルマンの一部族チュートン人の女神の名であるが、性、婚姻、豊穣の女神である。ここに興味ぶかい図式が浮かびあがってくる。異教の女神と息子の悪魔、対するは聖母マリアと息子のイエスという図式である。民間伝承もじつは二元論的な構図をもっていたわけである。悪魔を存在の欠如つまり非存在の象徴にしてしまう一元論的神学は、一般信者にはとても理解できない理屈だったろう。

カトリック正統派にとって、グノーシス主義的二元論は、撲滅すべき冒瀆的異端であったが、異教の女神もまた克服してしまわなければならない対象であった。そのためにマリアを異端、異教という悪魔的なものと対極をなすものとして、しかも同時に民衆に対し、異教の女神をうわまわる求心力をもった旗印として、かかげなくてはならなかった。この矛盾した神学的操作のおかげで、マリアはさまざまな古代宗教の要素を引き受けていったのだと考えられる。古くからの豊穣祭礼は、悪魔のサバトにつながるものとみなされ、かわってマリアが豊穣多産の女神の権能を吸収することになる。豊穣の女神はとうぜんながら、性的結合の愉悦の神、性的オルギアの神でもあった。豊穣の祭儀は同時に性的祭祀でもあった。これは男性神が優位にたつ時期になってもかわらなかった。古代ローマの農耕神サトゥルヌスの祭りであるサトゥルナリアは性的快楽を満喫する性愛の祭りでもあった（いまでもサトゥルナリアという と性的乱痴気騒ぎの代名詞である）。カーニヴァルもまた単に断食期間の準備を意味するのではなく、豊穣祭祀、性的饗宴に由来するものだという。穀物や葡萄の収穫は、神と全民族の性的合一の結実とみなされ、この性的合一を祭儀的におこなうのが神殿巫女であった。キリスト教はこの祭祀を弾劾し、撲滅しようとしたが、この祭祀の本質的な意味は、司祭神学的に吸収しなくてはならなかった。マリアは豊穣の女神の権能を得たのみならず、教会の象徴という形で、神の配偶者にまでされた。配偶者などというと奇怪に聞こえるかもしれないが、教会は神の花嫁であり、マリアは教会の象徴とされたのである。前述のように、最初期の教父たちはマリアの神性を認めようとはしていなかった。が、キリスト教以前、以外の女神信仰、女神崇拝の伝統や民間の母神信仰は無視してしまえるものではなかった。だから譲歩した、などというような説明ではしかしいいかげんすぎるだろう。一神教の宗教運動に、そのような民主主義的あるいは偽民主主義的な妥協はあり得ない。他を撲滅してしまうために、それと厳しく対峙する非寛容と、しかも相手の権能を凌駕するものをもとめなくてはならないという強迫観念につき動かされる運動であり、この運動のなかで、貧しく子沢山な大工の女房だったミリヤム（マリア）が無原罪の処女にして母、さらには天の女王、勝利の守護神へと増幅されていったにちがいないのである。

三　カタリ派と異端審問

カトリック正統派は、異端を悪魔的なものとみなし、これの撲滅につとめた。その異端のなかでも、十一世紀以降、地中海貿易と織物業で経済的発展をとげた南フランスのランドック地方の諸都市に根づいたカタリ派の運動は手ごわい相手であった。カタリ派は中世に大きな勢力を得た異端運動である。「異端の中心地となった諸都市では、手工業者、とくに織工たちが新しい教説の断固とした信奉者であった。十二世紀には異端の織工、織女の数が非常に多くなったので、カトリックの論客たちは、織工を異端者の同義語とみなしたほどである」（コッホ）。前述のボゴミール派はビザンチン帝国内に一時勢力をのばしたが、帝国衰退とともに分裂する。この東方の二元論に由来する異端説は西欧、とくにイタリア、南フランスなどに伝播して生きつづけ、カタリ派もボゴミール派に由来するが、何よりもヨハネ福音書の独特な解釈を自らの信仰の神学的拠り所にしていた。

ヨハネ福音書の冒頭の個所に、日本語訳（日本聖書協会の新共同訳）だと、「万物は言によって成った。成ったもので、言によらずに成ったものは何一つなかった」（ヨハ一・三）。しかしヴィルケンスの独訳聖書だと、二通りに和訳できる。日本語にはない言語構造のゆえである。「すべては神（＝言葉）によって生まれた。現存するものは何ひとつとして、神なしには生まれなかった」という否定文に訳せば、日本語訳聖書と同じ意味になり、またこれが正統派の読み方でもある。唯一の創造主がすべてを言葉によって創造したというのである。ところがこのテクストを肯定文として訳せば、「すべては神によって生まれた。現存する無は、神なしに生まれた」となる。カタリ派の二元論によれば、この「無」とは、無きにひとしもの、まったく存在価値のないものという意味である。つまり光（命）は神によって生まれたが、無価値なこの世は、神なしに生まれたということになる。創造主は唯一ではないのである。これには同じヨハネ福音書のイエスの言葉の裏づけがあるという。イエスは、「この世がしかし私を憎むのは、私が世の業は悪だと証ししているからだ」（ヨハ七・七）と言い、さらに、自分を殺そうとしている者たちに向かって「あなたがたは、悪魔から出た者たちだ。悪魔があなたがたの父なのだ。だから悪魔が欲することが、あなたがたのなすべくさだめられたことなのである」（ヨハ八・四五）。イエスも、すべてが神から生まれたのではないということを明言しているという。

カタリ派の神学思想は、これくらいにしておき、ある意味で正統派以上に地上的なものに否定的なカタリ派が、ランドック地方の織工たちに、なぜ魅力的な求心力を発揮しえたのであろうか、という問題に注目したい。いうまでもなく一般庶民がヨハネ福音書の字句を云々したわけではない。

織工のなかでも、とくに女性つまり織女たちは生活が悲惨であった。中世の織物産業に従事する労働者たちは、原料から製品までを牛耳っていた織物商人に全面的に依存しなければ暮らせず、商人たちに都合のよいような規約にしばられて働いていた。しかもこの紡績、染色、雑用などの労働にしめる女性の比重が大きかった。彼女たちは男とちがい、職人として自立する道も完全にとざされていた。このような悲惨な状況にある女性には、正統派の説く神の愛などより、グノーシス的二元論のほうがよほどこの世の不正と邪悪を説明してくれるものであった。地上の物質界は悪魔（邪神）により創造されたものであるという教義ほどわかりやすいものはなかった。この男性中心主義的な世界支配勢力は悪魔の道具だというのは納得のいくものであった。もちろんカタリ派は、搾取と抑圧のこの世がいかに邪悪にみちた世界であるかを教えるだけではなく、このような無価値な世界からの救済の道をしめしていた。だから織工たちのなかでも、とくに織女たちが、この異端に逃避の場をもとめ、帰依者になったのである。

カタリ派の地上否定には、男の救済を女が阻害するとか、女はエバの後裔であるなとといった奇妙きてれつな差別はなかった。帰依者の女性には男と同等の権利が認められていた。

このカタリ派の勃興とともに、カトリック当局にとって、女性問題は放置できない問題となってきた。女性が異端に吸収されるのを何としても防がなくてはならない。かといって、せいぜい最下層の女たちに修道院に入る優先権を与えるくらいの知恵が関の山で、つまるところは、女は家庭にとどまり、夫にしたがうべしという訓示をくり返すしかなかった。家父長制社会の秩序を乱されないように、手綱を引きしめることに躍起になる以上のことはできない相談であった。これでは女性たちの流れを引きもどせるはずはない。だいたい女は魂の救済にとって障害であり、人間的に男より劣り、男を誘惑する存在、エバの末裔だときめているのだからどうしようもない。中世神学は、この女性蔑視では終始一貫していたのである。トマス・アクィナス（一二二五頃～七四）はアリストテレスの宇宙観をキリスト教化したといわれているが、アリストテレスの宇宙観は女性蔑視的なものである。天上は不変で完全なのに対して、地上は生成、腐敗する可変的な不完全なものである、というところまではよいとしても、男は天上的であり、女は地上的だと言ったものである。したがって女が肯定的な存在でありうるのは、男の天上的な精液に地上的質料を提供することによって、天上的なものを助けるときであるという。不変で完全なものに、何の助けがいるのかわからないが、アリストテレスは動物学の知識がよほど薄弱だったものと見える。アクィナスもこの宇宙観に同意しつつ、男を助けることのできる女の肯定的価値は出産能力と家事能力のみと断じたものであった。

マリア像の変遷は、同じモティーフの絵画や彫刻を時代や地域別に詳細に調査比較するのがよい観察方法であり、さまざまなモティーフのものを時代順に並べてみるのもよいかもしれない、といっても言うだけならやさしい。実際となると、とても個人の手には負えるものではない。結局はわずかを垣間見るしかないのだが、十一世紀以後、「授乳の聖母」が数多く見られるようになる。マリアがあらわに乳房をだして幼児イエスに乳を与えているのである。民間信仰の次元から、ここにもまた古代の豊穣、多産、生命扶養の女神が生きつづけていたのであろうと見てもよいかもしれないが、だからといって即座に単純な直線を引いて、豊穣多産、共同体繁栄を祈願する古代民衆の大地母神信仰がキリスト教のうちに脈々と生きつづけていた、などと結論づけては皮相におわるだろう。

中世のマリアの乳房は、古代の女神の乳房の対極をなすものとして、しめされているのである。そのために中世の聖書釈義家たちがなみなみならぬ解釈の知恵を働かせていることを看過してはならない。マリアの乳房の典拠は旧約の「雅歌」である。もっとも、相手の娘の乳房を「きみの乳房は二匹の仔鹿／ユリにかこまれ草を食む双子の羚羊」（雅四・五）と讃える雅歌はまぎれもなく性愛の歌であり、これほど若い女の乳房をみごとな比喩で歌いあげた詩は他にちょっとないと思うくらいである。ついでながら、「雅歌」の比喩の断片を少し並べてみると、若者は「きみの立つ姿はなつめ椰子、乳房はその実の房／なつめ椰子にのぼり、その甘美な実の房にふれたい／わが願いは／葡萄の房のようなきみの乳房」（雅七・九）と恋しい娘に歌い、娘も自分の乳房を、「わたしは城壁、わたしの乳房はふたつの塔／あの人の目を悦ばせるでしょう」と誇り、オリエントの女性がちが胸元にしのばせていたらしい「ミルラの匂い袋」のように、恋人が「わたしの乳房の間で夜を過ごす」（雅一・一三）ときを夢見ている。

　このテクスト断片だけでも、たがいの肉体をもとめあう若い男女の憧憬、切ない思いが歌われていることはまぎれもない。これをなぜ、中世の聖書釈義家たちがマリアの乳房の典拠にしたかというと、これは、恋の喜びと悲しみの現実の波にゆれる女の自己主張ではなく、神を渇望する魂（教会、マリア）を意味するものなのだ、と解釈したのである。テクストから性的なもの、肉体的なものをぬき去り、ひたすら霊的なものの象徴表現にしてしまった。こうして「雅歌」の若い娘の「乳房」は教会およびマリアの本質的特徴の比喩にされたのである。クレルヴォーのベルナールは、教会の比喩とされた「雅歌」の娘の乳房について、この乳房は尽きることなく授乳しつづけるのが、その特徴であるとして、この枯渇しない乳房のおかげで、キリストの体に由来する教会は母として子らを扶養し、マリアの仲介により、永遠の命の流れのなかで自らも生きる、などという論説を展開したものである。

　母なる教会の「乳房」は同時にまたマリアの乳房と同一視されたが、解釈がさらにこみいってくる。マリアの「肉体の乳房」はキリストの人生を養い、イエスが人の子であることを証明し、「霊の乳房」は救いの必要な信者たちを扶養するのだと釈義された。信者は「新生児のようにまじりけない、霊的な乳をもとめ、これによって成長し救いを得るために」（ペトＩ二・二）精進するように促された。こうした説教の庶民次元での効果は、マリアの乳房には霊的な力があるという信仰に見られる。こういう説話もある。ある罪深い尼僧が死んだ。尼僧の罪といえば、まず性愛に関するものである。彼女の魂はすでに悪魔の手中にあった。マリアは悪魔と、この死者の運命のことで言い争ったあげくに、胸をはだけて、

◀〈授乳の聖母〉
15世紀初、クレルモン=フェラ
ンの大聖堂

▼ロベール・カンパン
《暖炉衝立の前の聖母子》
1425-28年、ロンドン・ナショ
ナル・ギャラリー蔵

神の子に授乳したこの乳房が目に入らぬか、と声をはりあげたものだから、悪魔は尼僧の魂をマリアに渡すと、一目散に逃げ去ったというのである。

マリアの乳房は、女性性の存在価値をしめすものではなく、ひたすら救済の力、悪魔祓いの力の慈愛にみちた象徴とされ、さらに教会当局の思惑としては、授乳するマリアの姿を、何よりも家父長制社会の秩序を尊重し堅実に家庭を守る母の模範として通用させることであった。

教会当局のこうした努力はしかしむなしく、十三世紀には、南フランスのみならず、北方地方でも女性たちが異端に流れはじめた。親の結婚強制から逃れようとした娘も、結婚生活を拒否した青年も、それぞれに異端の共同体にくわわり、兄弟姉妹としての同等な共同生活を営んだ。「カタリ派は、女性帰依者たちに、教会のドクマの衣をまとった家父長制的な封建主義システムを引きさくことを、さしあたっては許し、普通では女性に閉ざされていた宗教的な役割を担うことをもみとめていたのである」（コッホ）。もっとも中世のカタリ派は、女が男にとって誘惑的な存在であるとみなしていた点においては、ボゴミール派よりは、カトリック正統派の見解に近かった。とはいってもローマ教会のように、エバを悪の根源とするのではなく、エバはただ悪魔の道具にされたのだと考えていたから、マリア対エバなどという図式は意味をなさなかったし、マリアを崇拝するなどということはなく、したがってマリア典礼はすべて拒否していた。これがカタリ派における女性抑圧を意味するものでないことは、カトリックのマリア崇拝が現実の女性の抑圧の裏返しであったのとは対照的な現象である。ただし十四世紀になると、カタリ派内にも南フランスではしだいにマリアを無垢と処女性の模範とみなす傾向が出てくる。と同時に、共同体のなかでも女性の役割が急速に後退していったのは注目すべきことである。

カタリ派二元論の目標は、サタナエル（悪魔）の創造したこの邪悪の世界からの魂の解放であった。したがって肉体・物質世界を蔑視し、禁欲によって可能なかぎり抑圧することが重要であった。だとすれば、肉体を敵視する生き方のうちに救済の最高条件を見ようとした正統派の禁欲者と結局ちがわないではないか、ということになりそうだが、カタリ派の見解は、性的なものが罰せられるべき罪であり、また男より知性に劣り肉欲にまさる女は、この罪悪と結託しやすい存在であるという正統派のものとは、微妙に異なっている。カタリ派にとって、生殖行為は物質に閉じこめられた魂の数をふやす行為でしかないのだから、夫婦であろうとなかろうと、否定すべき悪である。だからカトリックが重要視した「結婚の秘跡」も認めなければ、男女の存在価値に差別すべきものはなかった。

じじつカタリ派共同体内の男女帰依者たちは、兄弟姉妹として平等であった。すでにこれ自体、家父長制男性中心主義の社会秩序を無視する反逆的なものとみなされていたが、この共同体内での生活における道徳律の徹底した実践は「パルフェ（完徳者）」にのみ適用されるものとし、一般の信者、帰依者たちにはかなり寛容であったため、男女の共同生活における性的交渉もかなり見られた。カトリック以上の禁欲の実践と性的寛容は矛盾ではある。だが色即是空を唱えながら、色町に出入りする仏教坊主ではないけれども、もともとこの世はサタナエルの所産であってみれば、しかたもあるまいという世界観が禁欲徹底主義と現実の性的寛容の共通項をなしていた。これこそカトリック当局からすれば悪魔的な所業にほかならず、異端者たちの共同生活や儀式をサバト視するようになる。

ローマ教皇庁は一二三〇年、悪魔を神の地位まで引きあげた恐るべき集団として、この異端を断罪する宗教裁判所をカルカソンヌに開いて、十字軍を結成、カタリ派絶滅作戦を開始する（現在のカルカソンヌは南フランス観光の名所だが、この町の博物館に残る拷問道具は、異端審問と魔女裁判のつながりを示唆している）。

強力な異端はカタリ派だけではなかった。ローマ・カトリックがやはり激しい敵意をいだき、徹底的に迫害したものにワルド派があった。やはりフランスである。十二世紀、リヨンの商人ピエール・ワルドは福音書に記述されているイエスの姿にならい、清貧の生活を実践することを説いた。こういう運動それ自体は、決してめずらしいものではなく、それまでカトリック内部でも何度か生じていた。しかしそのつど正統派は異端としてしりぞけてきたのである。ローマ教皇庁は、カルカソンヌに先だつ一一八四年、ヴェローナ公会議において、ワルド派も異端として破門している。、十一世紀以降カトリック当局は、異端弾圧を正当化するため、異端は悪魔を崇拝する宗派であるという烙印を押すことにしたが、ワルド派も同様の仕打ちを受けた。にもかかわらず拡大は阻止されなかった。ワルド派は抵抗しつづけ、フランスのみならずイタリア、スイス、ドイツ、オーストリアにもひろがっていった。アルプス地方、ジュラ地方などの峡谷にひそかな集会所をもうけ礼拝をおこなった。これはあたかも古代ローマ時代のキリスト教徒の姿を再現するもののようであったが、これを迫害する側はいよいよ躍起となって、悪魔学を完成させていった。ワルド派は人里はなれたところで、夜ひそかにサバト（悪魔の集会）を開き、三位一体、マリアを呪い、悪魔を賛美し、乱交をおこなっていると弾劾し、飢餓、伝染病などの原因も彼らに帰したのである。

ワルド派の実体は、やがて宗教改革によって登場してくるプロテスタント、なかんずく清教徒に似ていて、妖術や占星術などとは縁がなかった。またカタリ派のような二元論神学に依拠する運動でもなく、カタリ派はワルド派にとって、むしろ非難すべき異端であった。ただしカタリ派とワルド派には共通するものもあった。魂の救済への精進の熱意はいうまでもないことだが、男女の存在資格が平等な（ワルド派はさらに聖俗の区別も廃止していた）ことと、マリアに特別な意味を与えなかったことである。ワルド派が「神の母」を認めない態度もまたプロテスタントに先行するものである。異端審問において、彼らがマリアを呪ったとして責めたてられたのも、このあたりに理由があったのであろう。

異端審問で異端者たちが供述する内容は、審問官たちの用意した台本通りのものであった、というより台本通りの供述をするまでは、拷問の手はゆるめられなかった。換言すれば、供述には、審問官たちの悪魔妄想になまなましい具体的現実性を付与する機能が担わされていたわけである。ワルド派もまた一四八八年、十字軍によって最終的に壊滅させられてしまうが、このような異端迫害が、そのまま魔女迫害に移行していったともいわれている。魔女裁判の手口はつまり、異端審問においてすでにできあがっていて、この宗教裁判が世俗の裁判に引きつがれたというのである。いずれにせよ、事態はますます性倒錯的なものに、サディスティックなものになっていった。

四　魔女と聖女

魔女は存在しなかった。存在させられていたのである。いうならばキリスト教的妄想の産物である。迷信である。しかし迷信だといってしまうと、ではなぜ中世も末期になって、というよりさらに近代への移行期に魔女迫害の火が燃えあがったのか、という問いに答えにくくなる。魔女狩りは十六世紀半ばに頂点に達し、十七世紀に入ってもなおさかんだったが、十七世紀といえば、「私は考える、ゆえに私は存在する」で有名なデカルトが『方法序説』（一六三七）を書いたり、ガリレオがすでに地球の自転に気づいていた時代である。だからこれは単に迷信とか妄想の産物というより、こういう産物を生みだした背景としての集団ヒステリーの極限状態を視野に入れなくてはならないだろう。つまりローマ・カトリックが極端なところまでたかめてしまった性恐怖とミゾギニー（女性嫌悪症）による集団ヒステリー状態である（東方の正教教会、つまりギリシア正教やロシア正教の世界にも、種々の迷信は生きていただろうけれど、しかし魔女迫害というものはまったく見られなかった）。ただし女性憎悪といっても、女がすべて男の犠牲になっていたかのような単純な観念図式を描いてはならない。魔女とみなされた女性を最も敵視し、憎悪したのは女性であったという心的現実、女の最大の敵は女であるという倒錯現象を無視してはこの集団ヒステリー状態の深刻さは測れない。

ローマ教会は、マリア崇拝によって吸収、克服できない異教的なもの、異端的なものはすべて悪魔的なものと断じた。ことに異端は、単に受け入れられないどころか、自らの存在を脅かされる恐るべきものであったから、悪魔を崇拝する邪教と宣伝し、撲滅に血道をあげた。異端の悪魔崇拝というのはもちろん表向きの告発の口上であって、正統派の心胆を寒からしめたのは、自分たちが全知全能の神の創造した善の欠如状態、あるいは堕罪の結果とみなそうとしてきた悪を、サタナエルの所産だとする二元論であった。

どういう女性が魔女にされただろうか。なかには自分自身で魔女だと思いこんでいた女もいたかもしれないが、空想や夢と現実の区別のつかない人間は現代でも少なくない。あるいはまた古代から占い女とか、薬草などの知恵（民間療法の知恵）のある女、妖術師、祈禱師あるいは死者の霊を呼ぶという日本でもごく最近まで存在していた口寄せや神子といったような、要するに尋常ならざる力をもっていると信じられていた女は、魔女とみなされやすかっただろう。こうした女性はしかし性的なものと直接むすびいてはいない。ところが中世末期のキリスト教的魔女は、悪魔と性交するのである。魔女にされた女たちの多くは、痩せた老女ではなく、豊満な肉体の持ち主であり、ストラスブールの画匠ハンス・バルドゥングが十五世紀初めに描いた全裸で淫猥な姿態をした魔女が、みごとに当時の魔女観念を呈示していると思う。

エフェソの巫女
（前7世紀後半）

魔女たちが捕らえられ、裁判の拷問に耐え

かねて、告白させられた内容は、異端審問の場合と同じくきまっていて、まずサバト参加である。サバトは語源的にはユダヤ人の安息日のことだが、魔女裁判では性的狂宴を意味した。魔女たちはインクブス（男夢魔）となった悪魔と淫行にふけった後、饗宴を開き、極端な場合には悪魔との間にもうけた子どもを食ってしまう、とされた。単に男尊女卑というのであれば、封建主義に都合のよい儒教道徳の浸透していた社会もひけをとらない。女性にばかりやたらと道徳の掟はきびしく、姦通罪も女性用のものであった。しかし性そのものが魂の救済を阻止する罪悪だという観念はない。遊廓に通う男がそのつど罪意識に苦しみ、寺にかけこんで坊主に告解する（あるいは告解の悦びにひたる）というようなことは江戸時代にはなかっただろう。

性は悪だ、魂の救済を阻止する罪悪であるとくりかえし説かれ、欲求不満症状や性的不能症になってふしぎはない。じじつ十五世紀のドイツには、深刻な現象が見られたらしい。教皇イノケンティウス八世は、実態調査をドミニコ会士ヤーコプ・シュプレンガーとハインリヒ・クレーマーに命じている。かくして生まれたのが悪名高い『魔女に加える鉄槌』（一四八六）であった。シュプレンガーもまたエバ対マリアの図式を全面に押しだし、女性蔑視のトマス・アクィナスの哲学を盾にとっていた。おかしなイデオロギーにとらわれると、庶民感覚的な迷信より知的学識のほうがはるかに悪質になる。シュプレンガーは女は男のまがった肋骨からつくられているから、当然ながら男より劣った存在だとし、言語学的に珍妙な証明をしてみせたものである。Femina（女）を分解すれば、Fe（信仰）とmina（より少ない）となる。だから女は信仰弱き存在であることが証明されているというわけである。頭の方はたしかに現

◀ハンス・バルドゥング・グリーン
《魔女の夜宴》(部分)

▼デューラー
《四人の女呪術師》

代語でもポルトガル語では信仰、スペイン語では信用の意味であり、英語のフェイスの語源でもあるが、Minaがマイナスとは恐れ入った話である。むしろ「ミナ」とは「鉱山」、したがって女性は「信仰の鉱山」になりそうなはずである。

シュプレンガーもまた女性恐怖のミゾギーンであった。彼は旧約を引用して、自らの心的事実を信条によって正当化したものである。「箴言」三〇章一五、一六節を引用しながら、子宮の口が飽くことのない肉欲をみたすためには、悪魔とさえ性交するのであると主張した。こういう悪魔学者の説によれば、神は性交に関して悪魔にすごく大きな力を与えてしまったことになるが、これもエバの堕罪以後、女は出産することによって代々、この悪を伝えてきたからだと、シュプレンガーたちは主張したのであった。

中世世界では異端は悪魔とむすびつけられた。そして性衝動もまた悪魔の所業によるものとみなされ、女の性能力は悪魔的なものにされた。十五世紀には性病（梅毒）がひろがりはじめ、娼婦がこの害毒の根源とみなされ、これがまた女性一般にはね返り、女性憎悪をいよいよ助長したという見解もある。

魔女にされた女が現実にどのような女性で、どういう生活をしていたかは、ほんとうのところはわからない。伝えられているのは、悪魔学者たちの妄想とその記述であって、彼女たちの正直な証言はない。だからたとえば、次のような叙述から、彼女たちのことを間接的に推測してみる以外にはない。ここではその二例だけを引用してみよう。ジャン＝ミシェル・サルマンが『魔女、サタンの婚約者』に収録している事件記録から、審問官たちの価値判断と思われるものは極力除外して要約すると、そのひとつはこうである。

一五九八年六月四日のことである。小ぶとりの五十代の女が、農夫マイヤの家にやって来て、一夜の宿を乞うた。フランソワーズ・スクルタンと名のるだけで素性はわからないが、身寄りがないにちがいない。マイヤの女房は、夫の不在を理由に断ろうとしたが、相手の執拗さに根負けして、泊めてやることにした。マイヤ夫婦には八歳になる長女ルイーズを頭に三人の娘がいた。ところが翌日、長女に異常な症状が現われた。全身から力がぬけ、首が奇妙にねじれるのである。いうならば急性の筋ジストロフィー症だろうが、一ヵ月すぎてもなおらない。両親は娘に悪霊がとりついたのだと思い、教会へ悪魔祓いをしてもらいに出かけた。司祭はルイーズを診断し、こういうことになったのはだれのせいかとたずねた。するとルイーズはフランソワーズの名をあげ、母親があの六月四日の晩、家畜小屋へ出ていったすきに、彼女が自分に近づき、パンの耳だといって「かさぶた」のようなものを食べるように強制し、しかもこのことを他言すれば「おまえを殺して食べてしまうぞ」といって脅迫したのだと話した。この八歳の少女の告発にもとづき、フランソワーズ・スクルタンは妖術を使う魔女として逮捕された。彼女はルイーズの証言を否定し、神や聖母マリアや聖人についてしか語ろうとはせず、獄中でもたえずロザリオを手に祈っていた。しかし審問官は、このロザリオの十字架に傷がついている点が怪しいといって、さらに尋問をつづけ拷問をくわえた。フランソワーズは拷問されてもなお罪を否定しつづけた。しかし否定すればしたで悪魔に忠誠をつくしているとみなされるだけである。ついに衣服を脱がされ全裸にされた。しかし悪魔の刻印らしいものは、彼女の身体のどこにも見いだされなかった。悪魔の刻印というのは、痛覚のない個所のことであり、銀の針でチクチクやりながら、これを探しまわるのである。彼女は全裸にされても、観念したように冷静だったが、頭髪を切られ、丸坊主にされるとわななきはじめ、ついに少女の証言通りであるとみとめ、後は毎日新しい告白をしたという。「ジストロフィー症」の少女のほうは、自分が救われるのは、両親の信心しだいだと言い、この言葉にしたがい、両親が夜を徹して祈禱したため快復したという。気味悪いのはむしろこの少女のように思うが、この子どもが将来どんな大人に成長したかたは記録にない。

次に北フランスのある小さな村の「最後の火刑」の話はこうである。

一六七九年五月というから、十七世紀も後半の話である。この村のペロンヌ・ゴギョンという農婦は村人から魔女らしいという噂をたてられていた。推察するに、彼女が官能的だったために、白い目で見られていたのだろう。前述のように、女性すべてが、男たちの女性憎悪、女性蔑視の被害者であるといった単純な図式を描いてはならない。女性敵視的父権制社会をささえていたのは男だけではない。大多数の女たちもそうであった。それは歪曲された女の姿であろうが、魔女に最も嫌悪感をいだいていたのは女たちであり、噂という特有の武器を駆使して、彼女たちは、イーズリーの表現を借りれば、男の支配を受けていない女性を摘発していったのである。

さて、この噂の女ペロンヌのところへ、この村の近くに駐屯する騎士が四人おしかけてきた。上流階級の騎士たちのなかには、理想の女性に精神的な愛をささげる「宮廷愛」に従事したり、騎士団を結成してマリア崇拝を標榜し、マリア礼拝堂の建立に尽力したりする者たちも見られたが、下級騎士は掠奪、婦女暴行などは日常茶飯事といったごろつきというのが実態であった。この四人のならず者どもはペロンヌをむりやり居酒屋へつれていき、いやがる彼女にも酒を飲ませ、淫らなことを言ってからかい、衣服のしたに手をつっこみ、身体をなでまわすというセクハラ行為をくり返した。彼女が憤慨すると、「おまえは魔女だろう」「文句があるなら、訴えてみろ」などと悪態をつき、さんざん飲んだ酒代を彼女に要求した。払えないというと、払わなければ自由にしてやらぬと、ふたたび家におしかけ、家畜の牛を担保に借金までさせたものである。事の顚末をあとで知った彼女の夫は忿懣やるかたなく、ブーヴィニー男爵領裁判所に訴えてでた。これが致命的な誤算であった。ならず者だちはひとまずは逮捕されたものの、証人尋問がはじまると、彼らの一人をそそのかした居酒屋のおやじが、自分が不利になるのを恐れ、ペロンヌは妖術を使う女だと申したてたのである。ペロンヌ・ゴギョンは噂通りの魔女だということになり、魔女裁判がはじまった。魔女裁判とは、異端審問と同様に、被告が裁判官ののぞみ通りに供述するまでつづけられる拷問のことである。ペロンヌの場合、水責めにされたか、鞭打ちにされたか、あるいは親指一本に紐をゆわえた宙づりか、あるいは毛剃りした裸体に銀針を刺す方法だったか、具体的な記述はないが、いずれにせよ彼女は拷問苦に耐えかねて、ついに魔女であることを自白

魔女の水責め
17世紀の版画（部分）

した。自白しようがしまいが、裁判官たちは彼女を火あぶりにすることにかわりないのだが、その前にどうしても自らの妄想が妄想ではなく、この世の現実であるという証言がほしかったのである。ペロンヌは自白した後、さらに何人もの共犯者を告発した。告発したのは主に未亡人、寡婦たちであるが、彼女は自分の娘の名前まで口走った。そうすれば火刑を免れるといってだまされたためかどうかはわからないが、結局彼女も、彼女が名をあげた女性たちともども焼き殺され、黒焦げの遺骸は、豊作のための生贄のように晒しものにされたという。北フランスの村では、夏至の祭りに、木切れや藁でつくった魔法使いの人形を燃やして、豊作を祈願する習慣が残っているが、これは異常気象や凶作は、魔女の妖術のせいだと信じていた迷信の名ごりである。

魔女とみなされた女たちのなかには、性的欲望の強い淫乱症の者もいたかもしれない。男を挑発する蠱惑的な女性がいたかもしれない。喪服をまとった街頭占いの女も魔女にされたかもしれない。しかしどのような女性がいたにしろ、魔女にされた女性の正直な供述も記録もない。ところが反対に聖職者については、率直な報告がある。いまでも警察はだれより内部の不祥事をひた隠しにし、もみ消したがるものだが、いつかはばれる。あるいはまた内部告発もあるだろう。十五世紀初めの司教座聖堂助祭のニコラウス・クレマンジュの記述は、いわば内部告発であった。それによると、まじめに働こうともしない者たちがよろこんで司祭になり、なって何をしたかといえば、熱心に娼家に通い、酒屋で暴飲暴食をしては賭事に時を費やしていたという。クレマンジュによれば、彼らは娼婦をだいた後に祭壇に向かっていたのである。こういうのは下級神父だけではなかった。ケルン大学の事務局長ディートリヒ・フォン・ミュンスターは、「臭気を発する人間の屍」ほど、高位聖職者の称号をもとめるといって嘆いている。つまり上になればもっとひどかったわけである。じじつドミニコ会説教師サヴォナローラが「獣よりひどい」と批判した教皇アレクサンデル六世（一四八四〜一五三〇）などは、情婦に産ませた四人の子どもを引きつれて教皇庁にのりこみ、内輪の者を集めて家庭版「サバト」を主催していた。あるときなどは、饗宴の後、多数の娼婦を呼びあつめ、裸踊りのあと、卑猥な格好で床の上を這いずりまわるこの女と従者たちに性交させ、最多数の女と「交尾」した者に賞金をだしたという（詳しくは、デシュナーの著書を参照）。

これはどうしようもない腐敗ぶりといってすまされる問題ではない。性的快楽はおそるべき悪徳として抑圧されていた。しかし抑圧されたものは抑圧されたことによって、戦慄的な力を得る。かつて宗教的なものと一体であった性的なものを、宗教に敵対するものとして分離してしまったために、かえって倒錯的にむすびついてくる。宗教感情の葡萄酒をしぼるためには、どこまでも悪徳にふけらなくてはならないかのようになる。悪魔学者や審問官、裁判官たちの場合、自分たちの弁神論にのっとり、神の意志にしたがっているのだと思いこみながら、魔女裁判というサディズムに耽っていたのは、やはりサバトという禁断の悪徳の刺激の代償をもとめていたにちがいない。

これは、シュプレンガーやクレーマーの奇妙な弁神論からも容易に推察される。神は人間に善悪を区別する自由意志をもたせるために、悪の存在を許した。この悪のおかげで、人間は善を知ろうとする意志を発動させる、という論理を彼らは展開した。だから魔女により義人の信仰は証明されるというわけで、魔女狩りに精をださねばならないという理屈である。現実ばなれしているのは、「サバト」ではない。性的女性恐怖を、セックスすなわち魂の救済を阻害する最悪の罪業だとする道徳意識にむすびつけた独身主義イデオロギーこそ現実ばなれしたものであった。しかしこの「独身制」が生みだした妄想が、近代ヨーロッパ（ことに西欧）文化の有する性的偏執狂的想像力の先駆をなすものであったことに注目しなくてはならないだろう。

自らの熱く抑えがたい性的欲望を、魂の救済を最も阻害するものとして抑圧しようとする意識は、この欲望は悪魔からの攻撃だという脅迫観念を生み、夜の世界に徘徊する悪魔との狂宴や乱交といった疑似科学的な妄想の産物をつくりだし、魔女狩りの時代を形成したのはむしろ当然のなりゆきであったのかもしれない。十六世紀には、悪魔は単独では何もできず、人間の協力が必要だと信じられていたから、「肉欲に飽くことのない」女こそ、その悪魔の助手にちがいないのだという疑似科学的な理屈が真理として通用していた。この女の原型がエバであった。だから中世の神学者や司祭たちは信者たちに、「処女神母」マリアはエバの対極であると、しきりに説いたものであった。マリア賛美は女性蔑視、女性抑圧の神学的戦略でもあった。異端撲滅運動が激しくなり、ついで魔女狩りが横行し、そしてまた独身制を看板にかかげた聖職者の生活が堕落するにつれて、ますますマリア崇拝がさかんになっていったなりゆきには、深層心理学的に分析してみなければならないものがあると思う。

マリアはエバの対極とされたが、地上において魔女との対極にあったはずの聖女たちはどういう女性だったのであろうか。女性性を可能なかぎり除去することにつとめた彼女たちの生活はどういうものであったろうか。さいわい、こちらは魔女とことなり記述や報告が残っている。これもまた二例をあげてみよう。

フィレンツェ出身のカルメル会の修道女マリア・マグダレーナ・ディ・パッツィ（一五六六〜一六〇七）は、神秘家、幻視者と称されている聖女だが、彼女はときには茨のなかをころげまわったという。悪魔との結託を証明するために魔女を全裸にし、銀針で痛覚のない個所を探す拷問を、まるで自らに試みるかのような苦行である。これだけではない。さらには熱い蠟を皮膚の上にしたたらせ、顔を踏ませ、鞭で身体を打たせては恍惚境にいたったのである。フラジェンチストとは、もともとは十三、四世紀の鞭打ち苦行者のことを意味であるが、いまでは、性的恍惚感を得るために自分の身体を鞭打たせたり、あるいは他人の肉体を打つマゾヒストやサディストの代名詞である。マリア・マグダレーナ・ディ・パッツィは性倒錯的フラジェンチストのまさに先駆的好例である。彼女はまたよく硬直したように立ちつくした。「愛の放出がはじまり、これとともに新しい生命が全身にみちる」のである。すると彼女は狂乱状態に陥り、「愛よ、愛よ」と叫びながら修道院中を走りまわり、「天上の愛に身を焼きつくすような炎」につつまれ、衣服を引きさき、水にとびこまなくてはならなかった。一五九二年五月三日の「聖十字架発見の祝日」には、聖堂のなかで、魔女のように箒の助けを借りることなく、九メートル以上も飛びあがり、十字架像をつかみとると、自分の乳房の間に入れたという。

フォリーニョの聖アンジェラ（一二四八〜一三〇九）は、ハンセン病患者の身体を洗った水を飲むことを「無上の悦び」としていた。「ハンセン病患者の傷からはげ落ちたかさぶただらけの皮膚が喉にひっかかりましたが、吐きださずにけんめいにのみこみました。これは聖体拝領でしたから、わたしを襲った歓喜は決して言葉に言いあらわせるものではありません」と彼女は告白している。アンジェラの口にするものは、魔女たちが口にするとされていた「いもりの目玉」や「蛙の脚」にひけをとらない。典型的な糞尿愛好症であるが、この食事はこの聖女にとって、背後から彼女に「いとしい人よ、恋人よ」とささやくイエスの声を聞くために必要欠くべからざる儀式なのであった（詳しくはデシュナー参照）。

　彼女たちの最終目的はイエスの花嫁あるいは母親になることであった。イエスの母親になれば、マリアの位置を自分が占めることになる。いまあげた二例はもちろん例外ではなく、枚挙すればきりがない。

　こうした修道女に対し、修道士のほうはどうであったかというと、当然ながらマリアが倒錯的性愛の対象になった。ベルギーのイエズス会会士ヨハネス・ベルヒマンは、女の視線は、バジリスク（人をにらみ殺すという砂漠の怪物）の目を怖れるごとく避けるべしと、説いたものだが、自分は深夜、マリア像の前で祈りながら床を這いずりまわったあげくに像にしがみつき、熱烈に口づけたという。やはり週に三、四度の鞭打ち苦行にもはげみ、一六二一年に二十二歳の若さで夭折した。無理がたたったか、病死したかは不明であるが、聖人に列せられている。マリア崇拝者のクレルヴォーのベルナールなどは、弁舌がさわやかになったのは、祈禱中にマリアの乳房がふくれ、あふれでるその乳を飲んだためだと告白している。

　冒頭に紹介したアーヘンの大聖堂の内陣に天井からつるされている光輪内に立つマリア像は、病気、怪我を治癒する力があるとされてきたが、この像は「無原罪の御宿り」のモティーフによるものであった。聖母の「無原罪の御宿りの祝日」というのがある。この祝日を一四七六年に制定したのは、あのシスティナ礼拝堂を建立させたシクストゥス四世であったが、これは性を徹底的に悪徳視する裏返しの表現であった。しかしその彼自身はこの悪徳の虜になり、性的快楽に溺れるところだったのである。

ムラックによれば、「大地の治癒力を伝えた中世の女たちが教会から敵視され、迫害され、拷問にかけられ、殺害された」。だから、「魔女火刑は、無原罪の御宿りの教義の裏面として観察されねばならない」という。マリアの純潔性は、性的エネルギーの宗教的抑圧が、そのエネルギーをかえって増大させ、それによって逆にまた深化させられた罪意識が希求する代償であったといえるだろう。あるいはまたマリアの美しさは、性的エネルギーを創造的密度の濃い精神状態へと昇華させる機能をもつことにもなったただろう。性衝動を、単に健康上の理由から酒や煙草を絶つというのとはちがい、罪悪だという宗教上の掟から抑圧すれば、人間は性的にきわめて不安定な異常状態におかれる。ウイルソンは、この性的不安定こそが人間を創造的にしたというが、もしそうであるとするならば、マリア像は単に民衆の憧憬、願望、祈念のみならず、むしろ人間の病（性倒錯）に創造的に関わっていたものとしても見なおさなくてはならないだろう。

第四章　中世受難劇のマリア

▶リーメンシュナイダー
《悲しみの聖母》（部分）　1565年頃

キール
ボルデスホルム
ハンブルク
ベルリン
テルクテ
ミュンスター
ドイツ
ケーフェラール
クサンテン
デュッセルドルフ
ノイス
ケルン
アーヘン
エルベ河
ヴァイマール
ライン河
フランクフルト
マイン河
マインツ
ヴュルツブルク
ヴォルムス
マンハイム
シュパイアー
ニュルンベルク
シュトラウビング
レーゲンスブルク
パッサウ
ストラスブール
ドナウ河
アウクスブルク
フライブルク
ミュンヘン
コルマール

【第四章関連地図】

はじめに

一九九二年、ドイツの古都クサンテンで受難劇『ボルデスホルムのマリアの嘆き』が復元上演された。キリストが磔刑に処せられるのを目撃するマリアの苦悩と悲嘆を表現した中世末期の音楽劇である。ドイツではテレビ中継され、日本でもCDが売りだされたりした。上演にいたった理由はいろいろあるだろうが、何といっても、中世劇のテクストや音譜のほとんどが断片化しているなかで、この作品が例外的に手稿を完全な姿で残していたからである。一四七五年あるいは七六年にヨハネス・レボルヒがポメルンのヤーゼニッツ修道院のなかで書きあげたものだが、彼は後年、司教座教会司祭となってボルデスホルムに移った際にこの原稿を携えていったため、任地の地名が表題になったらしい。単にうまく保存されていたというだけではない。演劇構成や音楽において、ドイツ中世の全宗教劇のうちでも群をぬいているらしく、それが例外的によく保存されていたというのは幸運な偶然である。

この劇の音楽性とか劇構成とかいった分析評価は、その筋の専門家たちの領域に属することとして、本章ではこのテクスト内容を取りあげたい。テクストは、ところどころラテン語をまじえながら中低ドイツ語で書かれていて、北ドイツの民衆が対象だったろうから、中世期の北の方言は当然なのだが、外国人には難解である。さいわい入手した印刷冊子には、現代ドイツ語訳に英語訳、フランス語訳まで並記してあり、歌手たちが歌詞として使用したテクストも、現代の聴衆にわかるようかなり現代語に近い修正がほどこされている。

一　反ユダヤ思想

テクストが福音書の記述に忠実でないのは、予想されたが、その予想をはるかにうわまわったのが、反ユダヤ思想とマリアの哀れな姿である。ユダヤ人たちに息子を殺された。死んでしまいたい、といって身も世もなく泣きくずれるマリアの姿は、マニフィカトを唱えているルカ福音書のマリアとはとても同じに思えないし、天の女王、神の母という表象ともむすびつかない。

イエスがユダの裏切りにあい捕らえられる場面は、どの福音記者もかなり具体的に叙述している。受難劇も当然ながらここからはじめられ、イエスが十字架上で息絶えるまでのプロセスが上演される。この受難のプロセスに反ユダヤ感情や思想がもりこまれているのである。もりこんだために筋書きがどれほど聖書の記述から逸脱したものになっているかを比較してみよう。

劇の冒頭、合唱をともないながら、イエスがまずラテン語で、「嘘つきどもが、私をとりまき、いわれもなく鞭で打ったのです。しかし主よ、私の守護者よ、仇をとってください」と訴え、ついでソロで、「ああ、苦境がせまっているこのとき、助けの手をさしのべる者はいない」と嘆く。冒頭からからあまりにも福音記者たちの報告とはちがうイエスの姿であるが、彼の恨みがましい言葉はさらにつづいて、わが民よ、諸君は私に何という仕打ちをするのだ。私は諸君をそこなうようなことをなしたり語ったりしてはいないではないか。わが民よ、私は諸君を導いて、荒海を渡り、ファラオの軍勢を打ち砕き、荒野に天使のパンを降らせ、諸君の困苦をやわらげたではないか。その仕返しに諸君は私を捕らえ、十字架にかけようというのか。狐には這いこむ穴があり、鳥には巣があり、支配者たちには城がある。しかし人の子には病める頭を休める枕さえない。ああ、悲しい。これほどの悲しい目にあった人間がかつていただろうか。

これはむしろモーセの台詞に聞こえる。モーセならこういう恨み言を口にしたかもしれない。新約の救世主には、周知のように、このような台詞はまったくない。ただ「狐には……」という比喩の部分は、たしかにマタイ福音書八章二〇節あるいはルカ福音書九章五八節からの引用ではある。しかし意味内容が歪曲されている。「狐には穴があり、空の鳥には巣がある。だが人の子には頭をおく枕はない」という聖句の意味は、地上で貧しい生活を送っている人の子イエスに倣え、ということなのである。イエスは自分の物をすべて放りだし、予言者エリヤの弟子になったエリシャの例（王上一九参照）を暗示しながら、弟子たる者の覚悟を説いているのである。嘆き節のための比喩なんかではない。

受難劇はこのようにイエスの長い恨み言ではじまるが、福音記者はこのあたりをどう記述しているか、比較のために引用してみよう。マルコはこう書いている。

イエスがまだ話しているうちに、十二人のうちの一人だったユダがもう近づいてきた。祭司長、律法学者、長老たちにつかわされた一群も手に手に剣や棍棒をもち、彼についてきていた。この裏切り者は、「私が接吻するのがその人だ。捕らえて、まちがいなく連行するように」と彼らとしめしあわせていて、ためらうことなくイエスに近より、「師よ」と声をかけ接吻した。彼らはイエスに手をかけた。すると居合わせた者の一人が　剣をぬき、祭司長の手下の耳を切り落とした。イエスはしかし口を開き、「強盗にでも対するように、あなた方は剣や棍棒をもって私を捕らえるためにやってきたのか。私は連日神殿のあなた方のそばにいて、教えを説いていたが、あなた方は私を捕らえようとはしなかった。しかしいま聖書の言葉はこのように成就する」。するとみなは彼を見すてて逃げだした。（マコ十四・四三〜五〇）

マタイやルカの記述も似たようなものなので、部分引用にとどめるが、「剣にて立つ者は、剣にして滅ぶ」という有名な格言になっている言葉はマタイのものである。剣を抜いた弟子を、「あなたの剣を鞘におさめなさい。剣を取るものはすべて剣で滅びる」（マタ二六・五二）といってイエスはいさめたのである。ルカ福音書のイエスは、「ユダ、きみは接吻で人の子を裏切るのか」と非難するが、おし寄せてきた祭司長、神殿守衛長、長老たちにむかっては、「しかしここしばらくはあなた方の時だ。いまは闇が力をふるう」（ルカ二二・五三）と覚悟のほどを語っている。

ヨハネの記述は神学的で、イエスは、すでにユダの裏切りを神の意図として承知していて、ユダは接吻の行動に出る余裕さえない。イエスはすべて天の父の意志だと悟って平然としている。

話しおえると、イエスは弟子とともにキドロン川をわたっていった。そこには園があり、弟子たちとなかに入った。だが裏切り者のユダもその場所を知っていた。イエスは弟子たちとよくここに集まっていたからである。そこでユダは一個小隊の兵士とランタン、松明、武器などを手にした祭司長やファリサイ派の手下を何人かを連れてやってきた。自分の身に起こることをすべて知っていたイエスは進み出て、「だれをさがしているのか?」するとかれらは「ナザレのイエス」と答えた。イエスは、「私だと言ったではないか。私をさがしているのなら、ここにいる者たちはいかせなさい」。これは「あなたがお与えになった者は、ただの一人も失いませんでした」という父への彼の言葉が成就するためであった。シモン・ペトロが剣を抜き、祭司長の手下の右耳を切り落とすと、イエスはペトロに、「剣を鞘におさめなさい。父がお与えになった杯を私に飲むなというのか」（ヨハ一八・一〜一一）

兵士とはローマ軍の兵士である。結果的にはこんな大仰な出動は必要なかったわけである。裏切ったのは弟子のユダではあるが、福音記者の伝えるところによれば、イエスはこの裏切りをはるかに超えて、自らの定めを承知していたのである。

ところが『ボルデスホルムのマリアの嘆き』の福音記者ヨハネは「敬虔な人たち」にむかって、「私たちの愛する主イエス・キリスト、天と地の創造主が、どうして私たちのためにひどい責め苦にあわれ、さらに悲惨な死を遂げられたか説明させてほしい」といって語りはじめる。

お聞きなさい。まず私たちの愛する主が一日の終わりのときに、どれほど私たちのために血の汗を流されたか。イエスは彼の敵どもが彼を捕らえんと手ぐすねをひいているところへ、ご自分から出ていかれ、不実の友ユダに接吻され、そしてこの世のどの人間よりも、陰険な形で裏切られなさった。心より愛しておられたのに、デ・イォーデン〔中低ドイツ語でユダヤ人どもの意〕は、主を人殺しか泥棒のように捕らえた。イエスはただちにアンナスの前に引ったてられていかれ、しばりあげられた。

さっと読み流せば、福音書の記述とそれほどちがっていないようにも思えるが、しかしすでにここからして、注目しなければならない言葉づかいがある。キリスト教徒がユダヤ人を憎むのは、裏切り者のユダがユダヤ人の代表とようにみなされたからだなどといってすませている説明もあるが、ここがまず注目すべき点である。聖書ではイスカリオテのユダをはっきり裏切り者と呼んでいるが、この受難劇のテクストでは「不実の友」と非難の言葉がいくらか緩和され、しかもイエスのほうから接吻しているのである。福音書では、ユダと連れだってやってきたのは祭司長他の手下やローマ兵であるのに対し、中世劇ではすべて「ユダヤ人ども」である。しかも中低ドイツ語では、ユダヤ人たちはデ・イォーデンと呼ばれていて、イスカリオテのユダとは綴りも発音もちがう。つまり聖書の報告しているユダの裏切りも、祭司長たちの謀議も、劇ではすべて「デ・イォーデン」に転嫁され、「不実の友」ユダのことなどなかばそっちのけである。

この「ユダヤ人ども」に照準をあわせて、さらに受難劇と福音書のテクストを比較してみよう。受難劇の福音記者ヨハネは次のように語って聞かせる。

　彼〔イエス〕の敵ユダヤ人どもは、どうやって彼を死にいたらしめようかと協議した。このとき私たちの愛する主は辱めの言葉をさんざん聞かされた。……どこまでも彼らは盲目であった。主の神々しい目に目隠しをして、非道のユダヤ人どもが周囲をとりまき、主を痴れ者のようにあつかい、その神々しい頰を平手打にし、おまえがキリストなら、だれにぶたれたかあててみよ、と嘲った。彼らは主の神々しい顔につばきをかけて、汚し濡らした。ああ、何という辱めであったことか。

マルコの記述によれば、協議したのは祭司長たち、律法学者たちである。しかもこの謀議は逮捕以前になされたものであり、逮捕後は、

　大祭司はあらためてたずねた。「おまえは賛美すべき方の子、メシアなのか?」イエスは答えて、

「そうだ。あなた方は、人の子が全能の神の右に座し、天の雲にかこまれて降りてくるのを見ることになろう」。大祭司は衣を引きさきながら言った。「これでもなお証人の必要があろうか。いまみなは冒瀆の言葉を聞いただろう。どう思うか？」一同はそこで、死刑に処すことを決議し、ある者はイエスにつばきし、目隠しをしてから、こぶしでなぐり、あててみろと言いはじめた。また下役の者たちが平手でイエスを打った。（マコ一四・六一～六五）

ところが受難劇の福音記者のほうはさらに、

ピラトはわれらが主をヘロデのもとに送った。この者はいたく悦んだ。イエスが魔法使いであり、人々に奇術を使ってみせるものと思っていたから、その奇跡を見てやろうと考えていたのである。しかしそれは無駄なことであった。そこで彼はわれらが主に質問をあびせ、ユダヤ人たちがさんざん不平をのべはじめた。

これに対応する個所は福音書には見いだせない。ただヨハネ福音書には、

ピラトは言った。「諸君が引きとって、十字架につけるがよかろう。私はこの男に罪はみいだせない」。ユダヤ人たちは答えて、「われわれには律法があります。律法によれば、この男は死罪にあ

たります。神の子などと自称しているからです」（ヨハ一九・六〜七）

ユダヤ教徒たちは、イエスを裏切ったわけではない。はじめからイエスを神の子とはみとめていないのであって、これは裏切り行為といえるものではない。福音書にユダヤ人の名称がでてくるのも、ユダヤの律法や慣習が問題になる個所だけであり、中世の宗教劇におけるような底意は読みとれない。しかしこの受難劇が反ユダヤ感情をあおるのは、何といってもマリアがユダヤ人たちを恨みながら嘆く個所である。いうまでもなく聖書のまったく関知しない台詞である。

ああ、不実なユダヤ人たち。わたしの大切ないとしい子を、罪もないのに、このように破滅させるなんて、どうしてあなた方の心はそこまで闇なの？　このあわれなわたしがあなた方に何をしたというのです？　わたしはあの子とともに死んでしまいたい。

シルベスター・スターロンのようななみはずれた腕力の持ち主が、さんざん苦労しながらも、敵をつぎつぎやっつけるというようなアクション映画では、観客はこの主人公に最初から感情移入して、終始痛快、爽快な気分にひたっていられる。ところが日本人のこのむ時代劇では、主人公がただ痛快にあばれまわるというのではない。彼がたちあがるまでに、必ず無力な人間、かよわい女などが悪い奴らにとことんいじめられ犠牲になる。こうして観客にもできるだけ辛い思いをさせ、悪い奴らの極悪非道に対する憎悪の感情をかきたてておいてから、やおら主人公がたちあがる。「てめえら人間じゃねぇ」とか「天にかわって鬼退治」などと言いながらめった切りをはじめ、観客はここでようやく溜飲をさげる。恨みをはらしたい気分に観客をさせておいてから、主人公がその代理をつとめるというこの時代劇のパターンに酷似したものが、じつは受難劇にはしくまれているのである。だが受難劇には、恨みを晴らしてくれる主人公は登場しない。冒頭でイエスが神に、「私の守護者よ、仇をとってください」と懇願するが、神は無言のままであり、イエスは「わが神よ、わが神よ、なぜ私をお見すてになるのですか」と叫んで事切れる。

恨みを晴らしてくれる主人公が登場しなければどうなるか、といえば、観客自身が主人公になる他ない。自分たちにとってこよなく大切なマリアの身も世もない嘆きを聞かされ、「極悪非道なユダヤ人」に対する憎しみをかきたてられた観衆が、自分でこれを解消する他ないとなれば、何が起こるかは容易に想像がつく。じじつ受難劇がおこなわれる日には、ユダヤ人居住区が警護されるということもあったのである。おそらくここに、中世劇の悪質な部分があったにちがいない。

ドゥリュモーの表現を借りれば、中世の宗教劇は「舞台にかけられた説教」である。クサンテンの教会の祭壇の前に組みたてられた木の舞台で上演された『ボルデスホルムのマリアの嘆き』も、たしかに現代の観劇観念からすれば、芝居というよりバッハなどのカンタータを想起させる。したがって反ユダヤ感情、ユダヤ人憎悪も、敬虔さと表裏一体をなすものとして感受されたにちがいない。深層心理学的にいえば、このユダヤ人憎悪は貧しい民衆にとって、自分は敬虔なのだという意識のうちに、自分が下等な人間だというう劣等感を回避する格好のはけ口になっただろう。身の毛がよだつのは、教会当局がキリスト教とユダヤ教との神学的対決の域を逸脱して、自分たちに都合のよい神を守るために、このユダヤ憎悪を容認するばかりか、むしろこれをあおるような行動をとりつづけたことである。

それにしても中世のユダヤ人迫害はどういう経過をたどってきたのであろう。ユダヤ迫害の歴史をここで詳細に叙述するわけにはいかないが、ごく素描的に概観すると、西暦前三二一年十二月十一日付書簡のなかで、皇帝コンスタンティヌスがケルンのユダヤ人集落に言及しているのが、ヨーロッパのユダヤ人に関する文書では最も古いものとされている。しかし発掘調査の結果は、ユダヤ人たちの居住地域の存在はさらにさかのぼることを裏づけている。おそらく西暦前五六年にカエサルがライン河以北にまで進軍したとき、ローマ帝国内のユダヤ人たちも、ここに連れてこられたらしい。つまりユダヤ人の歴史はドイツという国の誕生より古いわけである。ローマ時代のケルンはコロニア・アグリピーナ、レーゲンスブルクはカストラ・レギナ、マインツはモゴンティアクムと称し、支配者が連れてきたさまざまな人種がゲルマン人と共存していたが、皇帝ティトゥスがエルサレムを壊滅させて以来、多くのユダヤ人たちが逃亡したり、戦利品の奴隷として売られたりして、ヨーロッパ各地に分散し、いまあげた地方にも多く住み着くようになり、メシア信仰を心のささえにしていた彼らは、ライン、ドナウ河畔にも宗教的共同体を形成していったのである。

このようなユダヤ人たちのなかで、名前をドイツ史に最初に登場させたのがイサークである。多国語をよくし、各方面に人脈をもっていたので、カール大帝に重宝がられていたという。オットー二世に仕えたカロニュモスもまた多国語に通じていた。オットー二世は九八二年七月、イタリア半島からサラセン人を駆逐しようとして、逆に敗北を喫する。馬で海へ脱出をはかったが、馬が力つき、背後に迫った敵軍に捕まりそうになる。このときカロニュモスが自分の馬を与えて王の命を救ったというエピソードがのこっている。おそらく王の身辺護衛隊の一人として戦闘に参加し、忠実な働きをしたのであろう。彼自身どうやって危機を脱出したのかは不明だが、とにかく王を先に逃れさせておいて数週間後、王の退却先の陣営に現われたという。この功績により、マインツの市民権を得た彼は商会を開いて富と名声をきずき、彼の家系は何代にもわたってドイツ帝国に貢献したという。

十一世紀頃までに、マインツ、ヴォルムス、シュパイアーなどのユダヤ人居住地は、いずれも人口千人を越し、地方自治体の確固たる一部をなすにいたっていた。レオの表現によれば、「彼らは、敬意をいだかれ、人気もあり、あるいは少なくとも存在を容認され、何不足なく暮らしていた」。ユダヤ人に対する組織的な迫害がいつ、なぜ起こったかについては、特にスペインなどイベリア半島の事情を分析してみなければならないだろうが、ライン・ドナウ河畔地方では、キリスト教徒は少なくとも一〇九六年の復活祭の頃までは、ユダヤ教徒と平和に共存していた。

この地方のユダヤ人たちの最初の災難は、十字軍派遣によってもたらされた。一〇九五年、教皇ウルバヌスは南フランスのクレルモン（現クレルモン＝フェラン）に公会議を招集し、十字軍の派遣を宣言した。パレスティナに進軍するには、マルセイユから海路をとるか、イタリア半島を南下してから船に乗るか、あるいはドナウ河をくだってウィーン、ブダペスト、ベオグラード、コンスタンティノープルを経由する陸路をとるかの方法があったが、陸路が最も安あがりであった。二万人あまりの兵士が陸路を進んで、まずドイツの地に入り、ここで春を迎えた。十字軍兵士といっても、大半は飢餓に苦しんでいた下層民、浮浪者、落後者たちの寄せ集めである。こうした連中がめざしたのは、はるか彼方の聖地ではない。近くの豊かな町であった。その豊かな町で、昔キリストを裏切り、十字架にかけたのも知らぬ顔でユダヤ人たちがのほほんと暮らしているのは、けしからんなどといって、彼らの家を襲い、掠奪をほしいままにしたのである。十字軍暴徒は、まずトリアで乱暴を働き、モーゼル地方からライン、ドナウ河畔へと進撃し、マインツ、ケルン、クサンテン、ノイスあるいはレーゲンスブルクと掠奪の手をひろげていった。この蛮行を正当化するようなイデオロギーで彼らの倫理的に武装させたのが、ピエール・ド・クリューである。前述の教皇ウルバヌスの出身修道院の院長であったが、イスラム教徒よりたちの悪いユダヤ教徒が、われわれの国土で処罰されることもなく暮らし、主イエス・キリストを辱めているというのに、他国のキリスト教の敵を討ちに遠征して何の意味があろうか、などと言ったものである。これはまさに、暴徒たちの集団サディズム的蛮行から罪悪感を払拭する格好の口実であった。宗教的な衣でつつみこんだ嫉妬、憎悪を植えこまれた者たちの狂気の目には、ユダヤ人たちは怪物と化していったにちがいない。

キリスト教徒のユダヤ人嫌いは、いわゆる迷信以上の迷信にむすびついた陰湿な形をとって疫病のようにヨーロッパ全土に蔓延する。レオによれば、「ユダヤ教徒は子どもを殺して血をぬきとり、彼らの陰惨な儀式に必要な飲み物をつくるという噂が、十二世紀末には全ヨーロッパにひろがっていた」。どこかで子どもが行方不明になったり、殺されたりすると、きまってユダヤ人のせいにされた。ユダヤ人はキリスト教徒の子どもを人身御供にするとだれかが言いふらせば、みながそれを恐怖心と憎悪心をもって信じこむ、というわけで、一一七一年には、フランスのブロア地方で、この儀式殺人に関する最初の裁判が開かれている。ドイツでも儀式殺人の嫌疑をかけられたユダヤ人たちが集団リンチにあうという事件が続発するようになる。最初の大きな事件は一二三五年、フルダで起きた。ある夫婦がクリスマスのミサに参列した留守に、自宅が火事になり、二人の幼児が焼死した。いまなら火の不始末か子どもの火遊びが原因だろうと思うような事故だが、フルダの住民は、ユダヤ人たちがこの幼児たちの血をぬきとってから殺害し、家に火を放ったにちがいないときめこんだ。激昂した住民らは、町のユダヤ人たちに見さかいなく襲いかかり、殴り殺したその数は二十三人にものぼったという。

十字軍に関連してなおつけくわえておくと、第三回パレスティナ遠征に加わったリチャード獅子王（一一五七〜一一九九）は、騎士物語などでは中世騎士の模範として人気の高いイングランド王だが、イングランドにおける組織的なユダヤ人迫害のはじまったのは、このリチャード獅子王の時代である。彼と遠征を共にしながら、途中で仲たがいし、帰国後イングランド軍をノルマンディーから追いだしたフランス王フィリップ二世（一〇五二〜一一〇八）もまた、パリのユダヤ人たちが復活祭直前の金曜日に、キリスト教を辱めるためにキリスト教徒をひとり人身御供にするという噂を真に受け、ユダヤ人を国外に追放している。

こうしたユダヤ人迫害史のなかで、これに歯どめをかける試みもなかったわけではない。「カノッサの屈辱」という有名な言葉を残した神聖ローマ帝国皇帝ハリンリヒ四世（一〇五六～一一〇六）は、教皇や諸侯との闘争にあけくれる生涯であったが、おそらく教皇に対するいやがらせもあってだろう、一一〇三年に、ユダヤ人たちを自らの保護下に置くと宣言したものである。ただしユダヤ人たちはそのかわり、武器携帯をやめ、被保護権料を支払うという条件がついていた。これがマインツの平和令と呼ばれる条令である。同じく神聖ローマ帝国の皇帝フリードリヒ二世（一一二五～一二五〇）は、儀式殺人に関する事実調査を命じている。その結果は、ユダヤ教徒は血に関わることを自らに厳しく戒めていて、ましてや人間の血を享受するなどあり得ない、という報告に集約されるものであった。当然だろう。ユダヤ教徒なら、血を享受したりすれば、ヤハウェの逆鱗にふれることを心に刻んでいたはずである。葡萄酒という象徴的な形ではあるが、キリストの血を飲むといったような儀式もユダヤ教にはない。マリアもイエス出産後、ヨセフと共に、神殿に鳩を供えているが、ユダヤ教徒にとって、犠牲の牛、羊、鳩などの血を祭壇にかける以外、血は禁物であった。ヤハウェが厳しく警告している。「イスラエルの家の出身者あるいはイスラエルの家の客人で、何らかの血を享受する者がいれば、その者に私は顔を向け、民のなかから彼を消し去るであろう」（レビ一七・一〇）。血入りソーセージだってユダヤ人にはとんでもない話なのである。

フリードリヒ二世は、一二三五年に平和令を発布し、ユダヤ人たちを儀式殺人者の汚名から解放しようとした。以後ユダヤ人たちは皇帝のセルビ・カメラーエ・ノストラーエ（献金により保護される人間）となる。つまり皇帝たちがユダヤ人を保護したのは、単に人道的な発想からだけではない。むしろユダヤ人たちの懐をあてにしたのである。ユダヤ人の法的地位をさだめた十三世紀の『シュヴァーベン法鑑』とか『ザクセン法鑑』というのも、結局は生命保障とひきかえにユダヤ人たちの財産や地所の没収をねらったものであった。おかげで、十三、十四世紀になると、裕福だったユダヤ人たちの経済状態はひどく悪化する。

しかもこの頃、またもや大々的にユダヤ人迫害のひろがるきっかけが生じた。ペストの流行である。一三四八年にペストがライン河畔地域に蔓延した。中世の人間にはペストは謎の病魔であった。神罰か妖術の結果に思えた。医者さえ、彼の疑似科学的推察のせいぜい及ぶところは、邪悪な者たちが飲み水の井戸に毒を投げこんだにちがいないというものであった。井戸や泉に毒を入れるという噂は、じつはペストが猛威をふるう以前からあった。人々に嫌われ、怖れられていたハンセン病患者が、一三二一年フランスのペリゴールで、こういう邪悪なことをしでかす者として告発され、焼き殺されるという事件が起きているが、フィリップ五世がボワティエで勅令をだして後は、ハンセン病患者の火刑による虐殺や隔離が公然とおこなわれるようになっていた。ところがユダヤ人は、このハンセン病患者をひそかにそそのかしたり、あるいは共謀したりしているとみなされていた。主イエスを十字架にかけたほどの奴らだから、井戸に毒をなげこんだり、妖術を使って神罰を招くことくらいやりかねない、という屁理屈である。

ペストがひろがるとともに、ふたたび各地でユダヤ人殴殺事件、火あぶりリンチがさかんになった。ストラスブールは、マリアを都市守護聖人に選び、市民たちが自治権をめぐって司教の専制と戦った歴史をもっている都市だが、ここの市民たちは一三四九年には、二千人にものぼるユダヤ人を殺害し、彼らの家に市民たちがおし入って、借用書を取りもどすは、掠奪するはの蛮行をくりひろげてもいるのである。マインツではたまりかねたユダヤ人たちがついに蜂起したがむなしく、みな火炎のなかに身を投じる結果におわっている。この時代、大勢のユダヤ人たちが避難民となってポーランドに逃れた。当時この国は大王と呼ばれたカジミエシュ三世（一三〇九〜一三七〇）が君臨し、国の強化につとめていたが、ユダヤ女性を愛人にしていたため、ユダヤ人たちにはきわめて寛容であった。避難民たちはしたがってポーランドに新しい故郷を見いだし、新しい故郷の言語を習得していったが、一方で自分たちをアシュケニシム（ドイツ＝ユダヤ）と名のり、イディッシュを真の母国語としてまもりつづけた。彼らの子孫がナチス・ドイツの犠牲になった強制収容所の歴史は周知の通りである。

ペスト禍がすぎさると、勝手なもので、もともとユダヤ人たちの税金をあてにしていたマインツやケルンなどの都市は逃亡したり身を隠していたユダヤ人たちの帰還を促し、商業活動を許した。ただし彼らの居住地区に強い制限を加えた。ユダヤ人居住地域を壁でかこみ、夕刻には出入口を閉鎖して、彼らが壁の外へ夜間外出することも、逆にキリスト教徒が壁の内に夜間居残ることも禁止したのである。ゲットーの始まりである。ゲットーは、ユダヤ人たちにとっても、最初は自らの身の安全を保証するもののように思え、彼らのほうからこれをもとめる声さえあったというが、いずれにせよ中世末期には、こうしてキリスト教徒とユダヤ教徒との隣づきあいは、完全に終焉することになった。

話がユダヤ迫害史にそれてしまったが、中世も十二世紀以降になると、キリスト教徒の宗教生活に大きな変化が見られるようになる。典礼形式をはなれ、個人的主観的な信心形式が、信仰生活に大きな比重をしめるようになる。それと同時に一般庶民とくに農民の間で、根強く生きつづけてきた民間信仰的なものが勢いをもりかえしてきた。教会当局はそうした習俗的なものをキリスト教信仰のうちに巧みに吸いあげてしまおうと、何かにつけて祝祭を催すようになる（ファイトの著作を参照）。そうして町では宗教劇がさかんに催されるようになったのだが、受難劇は本来、キリストの受難の意味、十字架の意味についての反省を信者たちに促すはずのものであるが、それがいま述べてきたように、ユダヤ敵対的な感情を民衆に植えつける教会の主要な手段にもなり、受難週はむしろユダヤ人たちとの対決姿勢を新たにさせる週間になったといえるだろう。この『ボルデスホルムのマリアの嘆き』もまた、そうした教会当局のひそかな意図に加担させられていた部分は大いにあっただろう。

二　人間的、あまりにも人間的なマリア

『ボルデスホルムのマリアの嘆き』には、あきらかに反ユダヤ思想が意図的にもりこまれている。しかしこれがこの受難劇の中心的なテーマではない。主題は表題通りマリアの嘆きそのものである。これを呈示することにより、民衆にコンパシオ（共苦）の感情をたかめるのが目的であった。共苦というのは、キリストの苦悩を共にするという意味である。

福音書にはしかし、共苦をもとめるような記述はない。パウロの書簡にもみとめられない。せいぜい

ルカがシメオンに次のように語らせている個所があるくらいである。シメオンは神殿参りに来たマリアに、「ごらんなさい。この子はイスラエルの多くの者たちを倒したり、立ちあがらせたりするさだめにあります。反対にでくわすしるしとなるようさだめられているのです。あなた自身も剣で心を刺しつらぬかれるでしょう」（ルカ二・三四〜三五）と予言する。マリアがこの言葉を生涯を通じて、どう受けとめていたかについては、ルカは一言も書いていない。

マリアの共苦に注目する神学的な解釈をおこなったのは、ギリシアの神学者アダマンティウス・オリゲネス（一八五／六〜二五四頃）が最初だという。アムブロシウス聖歌で有名な教会博士アムブロシウス（三三三〜三九七）もオリゲネスの思想的影響を受け、息子の死に直面した母親の心に配慮をしめし、東方教会では四世紀以後マリアの嘆きのリトゥルギーがひろまっている。しかしこの時代には、造形芸術のほうでおなじみの十字架のもとの愁嘆場はまだ見られない。一人の母親として嘆き悲しむマリアの姿が描きだされるようになるのは十二世紀以降である。ただしマリアの嘆く姿は、ヴィマーによると、本来は死んだわが子のことで嘆いているのではなく、キリストの苦悩に対す

〈悲しみの聖母〉
テルクテの巡礼教会、1370年

る共苦をしめすものであったという。受難信心とマリア崇敬の交差するところに、共苦信心が生まれてきた、とヴィマーは言う。しかしながら、『ボルデスホルムのマリアの嘆き』にはこの共苦の表明以上のものがある。この劇に登場するマリアはどう見ても、息子の死と自分の悲惨な運命を嘆き悲しむ母親である。

いずれにしても、福音書には共苦をもとめる記述もなければ、嘆き悲しむマリアの叙述もない。ヨハネだけが、マリアを十字架のもとに立たせていて、これが造形芸術のピエタのよりどころとなっているが、ヨハネはマリアの心情については何も叙述していないし、また彼女に一言も発言させていない。ヨハネはただこう書いているだけである。

イエスの十字架のもとには、彼の母と母の姉(か妹)、クロパの妻マリアとマグダラのマリアが立っていた。イエスは彼の母とその側に立っている愛する弟子を見て、母親に、「女よ、見なさい。これがあなたの息子です」、ついで弟子に向いて、「見なさい。これがあなたの母です」、と言った。このときよりこの弟子は、彼女を自分のもとに引きとった。(ヨハ一九・二五〜二七)

この個所はヨハネのキリスト論的な神学上の意図からくる創作だといわれているが、とにかくヨハネ福音書のイエスは勝利者として登場していて、共苦の感情の喚起などまったく意図されてはいない。ルカだけは、別な場面で、嘆き悲しむ女性たちの姿を叙述しているが、この女性たちに対するイエスの態度を読めば、ルカの記述もまた、共苦を喚起しようとしたものではないことは明白である。

そして連中は、イエスを引いていく途中、ちょうど田舎から出てきたキレネのシモンという男をつかまえて十字架を背負わせ、イエスの後について運ばせた。イエスには民衆が、女性たちが群れをなしてついていき、女たちは胸をたたいて嘆き悲しんだ。イエスは彼女たちのほうにふり向いて言った。「エルサレムの娘たちよ、私のために泣き悲しむのではない。むしろ自分自身と自分たちの子どものことを思って泣くがいい。子を産めない女、産んだことのない母胎、乳首をふくませたことのない乳房はさいわいだ、といわれる日がくるだろう。(ルカ二三・二六〜二九)

しかし中世の司祭神学には、マリアが十字架のもとに居合わせていたということが決定的に重大な意味をもっていた。現代のフェミニスト神学者たちは、イエスが逮捕されたとき、男の弟子はみな逃げ去ったのに、女性たちは十字架のもとまでついていき、最後までイエスとの精神共同体を体験したのである、などと我田引水的な解釈をしているが、中世神学もまた我田に水を引いて、聖書の報告していないマリアの嘆きを、十字架のもとでキリストの苦難を共体験する者の模範と解釈したのものである。

ところがこの受難劇は、正直な印象として、この解釈の域をも超えている。超えているといっても、理想化されているという意味ではない。逆に世俗化、人間化されているのである。息子の死を目撃しなければならない母親マリアの悲嘆に焦点があてられ、イエスの受難の出来事はむしろ背後にしりぞき、

ファン・デル・ウェイデン《十字架降下》　1435年頃、プラド美術館蔵

前面に出ているのは哀れな母親の悲痛と苦悶である。この受難劇の台詞を聞かされた当時の民衆は、おそらくキリストの苦しみに対する共苦をマリアによって呼び起こされるというより、マリアそのものに対する同情の念に圧倒されたにちがいないと思われる。それとも北ヨーロッパの中世庶民の信仰生活の何かが逆に、宗教劇に反映されているのかもしれない。つまりマリアの姿をキリスト受難に対する共苦の模範とみなすより、マリア自身を共苦の対象にしてしまう民衆の感情が劇に反映しているようにも思えてくるのである。

ファン・デル・ウェイデン（一三九九～一四六四）は北方画派と呼ばれる画家たちの一人だが、彼は《十字架降下》と題する名画（一四三五年頃の制作だといわれているこの板絵は、ベルギーのルーヴァンのノートル・ダム大聖堂のための作品であったが、現在はプラド美術館所蔵）をのこしている。受難劇のマリアの台詞を引用するまえに、回り道するが、この《十字架降下》に少し言及しておきたい。

この板絵には、背景に通常は見られるゴルゴダの丘が描かれていない。金地になっていて、十字架からイエスの亡骸をおろす者たちがまるで受難劇の舞台の登場人物に見える。イエスの遺体の両脇を背後からささえるようにしながら、十字架からおろしているのは、アリマタヤのヨセフ、キリストの遺体をひきとる許しをピラトから得た人物である（マコ一五・四三以下参照）。その彼が手伝わせているのはニコデモにちがいない（ヨハ一九・三九以下参照）が、イエスの両足を片手でかかえている。イエスの遺体は膝をまげ、逆S字形をなして斜め横にのび、右手を下にたらしている。このイエスの左斜め下にイエスの姿を反復するような姿勢の青衣のマリアは悶絶せんばかり、それを赤衣のヨハネと緑衣のマリアの姉かクロパの妻が助けおこそうとしている。その背後では横むきの白頭巾の女が両目をおおって泣いている。背後に顔をのぞかせている老人は、右手に香油壺をもち、左手で彼の肩にすがりつくようにして嗚咽するマグダラのマリアをなだめるような仕草をしている。マグダラのマリアがまとっているのは朱色の袖のついた紫衣である。

このように絵画的な色彩配合の緊密度もみごとだが、人物たちのそれぞれの個性をうかがわせる悲嘆の表情や身ぶりの統合も卓越していていて、ファン・デル・ウェイデンがネーデルランド、北ドイツの十五世紀の画家たちに大きな影響をおよぼしたのがうなずける。のみならず、この作品からは『ボルデスホルムのマリアの嘆き』のクライマックスに似たものを表現しているという印象を受けるのである。

じじつまたこの受難劇のテクスト冊子の表紙には、この絵のマグダラのマリアが使用されている。ひょっとするとレボルヒはウェイデンのこの作品を見ていたかもしれない。事実調査をせずに確言はできないが、可能性は考えられるように思う。

受難劇のほうにもどると、マグダラのマリアたちは悶絶せんばかりのマリアとともに、自分たちの悲嘆を吐露しながらも、交互にマリアをなぐさめようとする。

マリアの姉は、

「……ああ、何と大きな苦悩、苦痛がわたしたちの暗い心を打ちひしぐことでしょう。イエス・キリスト、このまことの太陽の輝きが、大いなる悲しみのうちに十字架にかけられるのを目の前にするのです。ああ、いとしい子ら、主の死を悼んで泣くがいい。……マリアよ、いとしい妹よ、あなたの大きな苦しみと涙には、非情の石でも憐れみをおぼえるでしょう……」

つづいてヨハネもマリアに向かって、

「私もみなも、あなたの悲しみを悲しんでいます。あなたと共に彼らも泣いています。うめき声をあげ、忠実な民は目を泣きはらし、赤くしています。……マリア、いとしい叔母よ、御子の死を悼む思いを、あなたと共にしない者がいるとすれば、石の心の持ち主にちがいありません……」

するとマリアはマグダラのマリアに向いて、

「ああ、マグダラのマリア、ああ、わたしのいとし子は何とひどいめにあっているのかしら、あなたの大切な師でもあるあの子が」

マグダラのマリアはマリアの心中を察しながら嘆く。

「……わたしはわたしの愛する大切な主が、わたしたちすべてのために、いかに苦難にあわれているか、よく存じています。わたしは悔いの思いにくずおれるばかり、あの人の心痛を思い、嘆き声をあげずにはおれません。ああ、十字架にかけられたあの姿、ああ、マリア、彼の苦難、苦痛の大きさを、だれの心にとらえられましょう……」

わが身の不運を嘆くマリアはしかし今度は、直接十字架上のわが子に訴えて、

「ああ、いとしい息子、何か話しておくれ。ああ、一言でもいい、語っておくれ。そうすれば、この言葉があなたをしのんで生きる日々のささえとなるでしょうに。わたしのいとしい甥のヨハネもここに立っています。ああ、悲しげです。ああ、何か言っておくれ。わたしたち二人はどうすればよいの?」

イエスは十字架上から母親をたしなめるように、

「女よ、私の教えにしたがいなさい。そのように泣き悲しむのはやめなさい。あなたが泣いたり、嘆いたりしても、私の責め苦をあらたにするだけです。私の身に起こる悪しきことは、すべて予言者が私について語ったことなのです」

しかし十字架上の息子の姿を目の前にして、マリアはもう死ぬばかりである。

「わたしはいまや、もっているものをすべてなくしてしまった。かつて手に入れたものも、みんななくなってしまった。……ああ、いとしい息子よ、あなたの哀れな母に、どこをさすらえというの? だれがわたしを助けたり、助言を与えてくれるのでしょう? ああ、いとしい子よ、自分のためにも、あな

たのためにも死んではならない、みじめに朽ちていけ、と言うの？　このあさましい哀れな生きざまのことを思いみてほしい。わたしは体も魂もあなたに捧げたのですよ」

イエスは困惑し、母親をさらにさとし、勇気づけようとする。

「私の母はけだかい女性であるはず。ヨハネがあなたを庇護する者になります。彼をわが子としなさい。これ以外に道はないのです。さめざめと泣くのはおよしなさい。あなたの苦悶は私にとって大きな苦痛です。私は、わが友たちが滅びることのないために、あなたから生まれたのです」

しかしどのような言葉も、マリアにはもう役にたたない。彼女はますます泣き悲しむ。やがて十字架上の死のときがくると、中世劇のイエスも、「わが神よ、わが神よ、なぜ私をお見すてになるのですか、……かつてこれに匹敵する責め苦がありましたか」といったそれまでの気弱な態度を一転させ、「私は、私の心に、あなたの御手のうちへと命じます、私の天の父よ」と言いのこして息絶える。マリアは絶叫する。「ああ、彼は死んでしまった！」

身も世もないマリアの姿を見かねて、それまでともに悲しみ嘆いていたマグダラのマリア、ヨハネ、ヨハネの母たちがかわるがわるマリアをさとそうとする。まずマグダラのマリアが、

「お立ちなさい、マリア。お気持ちをおかえなさい。あなたの御子の責め苦は、多くの者たちによきことをもたらすのですから」

ついでヨハネの母も、

「いとしい妹よ、お立ちなさい。そのように泣くのはおよしなさい」

そしてヨハネは、

「マリアよ、私の新しい母の叔母さん、お立ちなさい。そのようにお泣きにならないでください。もうどうにもなりません。イエスは死しても蘇られるのです」

マリアはしかし耳を貸そうとしない。彼らが何か言うたびに、

「あの子が何をしたというのですか。あなた方は彼を生かし、わたしの命を奪えばよかったのに」

こうなるともう手のつけようがない。ほとんどもう半狂乱に近い。

「死よ、やってきて、わたしたち二人を奪いとるがよい。彼と別れてわたしひとり苦しみたくはない。彼の血がわたしを染め、彼の死がわたしをいまや殺すだろう。……ああ、悲しい。自分の生まれてきたのが悲しい。わたしは大切ないとしい子を失ってしまった。彼は殺されて、あそこに青ざめ土色をしてぶらさがっている！」

マリアは涙の涸れるまで泣きつくす。もう声も出ないといいながら、しかし最後にようやく、
主イエス・キリストよ、わたしの身はあなたひとりにゆだねます。そしてあなたの愛弟子聖ヨハネに身をゆだねます。わが心の最愛のイエス・キリスト、悲嘆にくれるすべての者をなぐさめてくだ

さい。あなたの聖なる苦難は、わたしたちのためなのでしょう。

と、ヨハネ福音書に相応した台詞をのべると、この受難劇は、合唱でもう一度、十字架上のキリストの最後の言葉をくり返して終わる。

『ボルデスホルムのマリアの嘆き』に登場するマリアには、とても天の女王、神の母、あるいは都市の守護聖人といった称号のもとに崇敬される女性の姿を重ねあわせることができない。これはどう見ても、わが子の悲惨な死を目前にして、半狂乱になって泣き叫ぶ庶民の母の姿である。当時の民衆は、このようなマリアの姿を見せられてがっかりしただろうか。おそらくそうではあるまい。むしろますますマリア信心を強めただろう。しかし、それはどういう信仰だったのだろうか。カトリック司祭神学は、前述のように、マリアは、救世主そのものではなく、救世主への仲介者、代願者であり、救世主への共苦を信者に示す模範だという理論を展開してきた。しかしこの理論で、この受難劇のマリアの姿を説明できるとは思われない。民衆の信仰はもっと率直な素朴なものであっただろうと思う。想起されるのがカトリック地域に見られる聖人信

剣に心を刺しつらぬかれたマリア

仰である。農業、商業、旅、家内安全、無病息災などをつかさどる聖人がいて（マリアもまたその一人に数えられるが）、そういう聖人に、自分のそのときの都合で懇願するのである。日本の八百万の神々あるいは地蔵に願をかけるのに似ている。しかしまったく異なる点がある。ヨーロッパ中世の民衆信仰は、相手が万能にして慈悲深いから自分を救ってくれるというのではない。相手が救いをもとめる自分の苦しみをすでに体験しているからこそ、わかってくれるにちがいないという確信なのである。日本では受験生が北野神社に絵馬をかけても、学問の神様にあやかろうとするのであって、道真は不遇をかこったから受験地獄の苦しみをわかってくれる、と思うからではない。

自分の祈願する相手は、無力な自分の苦しみ、悲しみを自らの経験からわかってくれる、というのが中世のキリスト教信仰であった。だからわかってくれるのは、だれよりもマリアである。マリア信心というのが、後代のプロテスタントが批判したように、キリスト教神学的に誤謬か否かはさておき、これはじつにキリスト教独自な信仰であると思う。そしてここであらためて驚かされるのが、ゲーテの『ファウスト』の哀れなグレートヒェンの祈りである。つまりゲーテが中世以来の庶民のマリア信心をじつによく知っていたのに感心させられるのである。周知のように、悪魔と契約して若者になったファウストに出会ったために、悲惨な運命をたどることになり、破滅にいたる哀れな娘が、自分の苦しみをマリアに訴える祈りの歌を、最後に訳出しておきたい。

ああ　お顔をかたむけ
苦痛にみちたお方よ　お願いです
わたしの苦しみを　ごらんになってください

何千という剣に　あなたは
お心を刺しつらぬかれ
御子の死を見つめておいでだったのです

天の父を仰がれ　あなたは
御子とご自分の苦しみゆえに
嘆息をお送りになりました

だれが察してくれるでしょうか
この苦痛が
どれほど骨身をえぐるか
わたしの哀れな心が何におびえ
何にふるえ　何をもとめているか

わかってくださるのは　あなたただひとり

どこへいこうとも
胸のなかのこのあたりが
苦しくて　もう苦しくて　苦しくて
ああ　ひとりになればたちまち
泣いて　泣いて　泣くばかり

朝早く　あなたのために
お花を摘みましたが
窓のまえの花鉢を　わたしの涙で
ぬらしてしまいました

わたしの小部屋に朝日がさしこみ
明るくなりますと　わたしは
ベッドのうえに身を起こし
もう嘆きの淵に落ちこんでいます

お助けください　恥辱と死からお救いください
ああ　お顔をかたむけ
苦痛にみちた方よ　お願いです
わたしの苦しみを　ごらんになってください

〔注〕『ボルデスホルムのマリアの嘆き』使用テクスト：
Abdruck der Faksimileseiten der Bordesholmer Marienklage.
(Universitätsbibliotek Kiel. Cod. Ms. Bord, 53, fol. 1v-23v. hrsg. v. Westdeutschen Rundfunk Köln, 1992.)

第五章

巡礼地のマリア

▶《ロレートの聖母》 作者不明、18世紀
フィレンツェ、ピッティ宮殿蔵

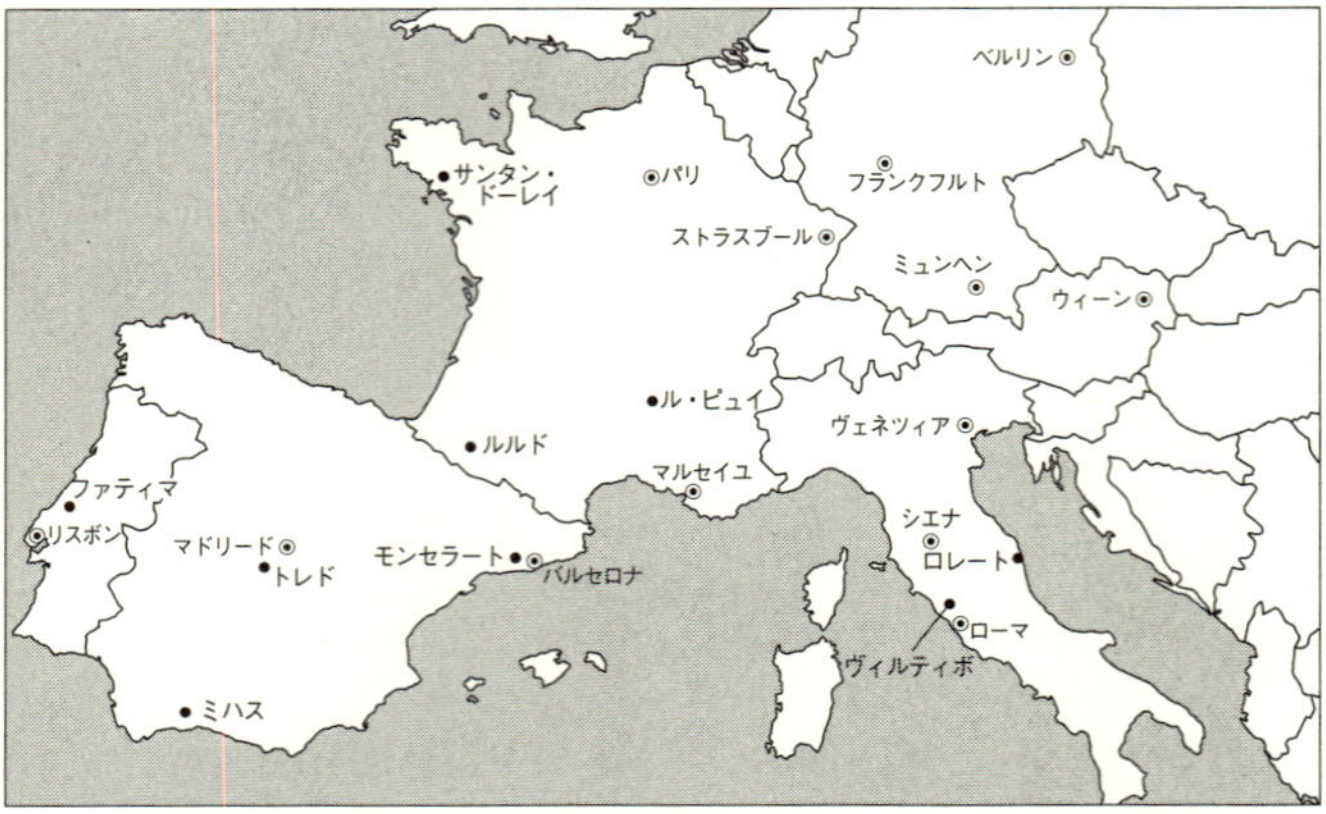
ベルリン
サンタン・ドーレイ
パリ
フランクフルト
ストラスブール
ミュンヘン
ウィーン
ル・ピュイ
ルルド
ヴェネツィア
マルセイユ
ファティマ
リスボン
マドリード
トレド
モンセラート
バルセロナ
シエナ
ロレート
ローマ
ヴィルティボ
ミハス

ハンブルク
ドイツ
ベルリン
ミュンスター
ハルテルン
ヴェルル
エルベ河
ケルン
アーヘン
ヴァイマール
ライン河
レッツバッハ
フランクフルト
マイン河
マインツ
ヴュルツブルク
ディンバッハ
ストラスブール
ドナウ河
パッサウ
リンツ
アウクスブルク
コルマール
エンディンゲン
ビーベラッハ
ミュンヘン
アルトエッティング
フライブルク
メールスブルク
イン河
オーストリア
ベルン
スイス
クラーゲンフルト

【第五章関連地図】

はじめに

巡礼地というとフランスのルルドやポルトガルのファティマなどが世界的にも有名である。かつてマリアが出現したという奇跡がこれら巡礼地の元になっているが、スペインのミハスもやはりそうだ。あるいはまた同じスペインのモンセラートやフランスのル・ピュイ、ドイツのアルトエッティング、イタリアのロレートのように黒いマリアが祀られているので有名な巡礼地もある。黒マリアについては後述するが、それぞれにいわくがある。いま名をあげた巡礼地などは有名だから、現代では巡礼地詣での信者よりは観光客を呼び集めていて、モンセラートのように、岩山にのぼる道に観光バスがひしめきあうという、ひどいことになっている例もあるが、現代ではもう歴史の外におかれひっそり静まり返っている巡礼教会のほうがはるかに多いようである。

現状はともかく、マリア巡礼地詣ではもともと奇跡信仰とむすびついたものであった。モーツァルトの父親は、自分の出世の夢をわが子の才覚に託し、幼いヴォルフガングを猿回しの猿のようにヨーロッパ各地を連れ回し、当然ながらイタリアにも出かけているが、イタリアの場合は、同時に自分自身の願かけの旅でもあった。ローマに入るまえにヴィルティボの聖ローザ・クララ会修道院に立ちより、聖女ローザの聖骨片をいただいたり、ローマ滞在中も、「聖母マリアの善き勧告」という奇跡の聖母像を拝むために、ジェナッツァーまで馬車を走らせたり、さらにはロレートの「聖なる家」に詣でるため、息子の音楽旅行とは関係のない方向に帰路をそれたりしている。

巡礼地詣でと奇跡信仰は啓蒙主義時代以降下火になり、現代ではもう昔のような巡礼の旅はおこなわれないし、巡礼地における祈禱内容も、通常の教会のものとさしてかわらなくなっているが、ふり返って見たいのが、こうした巡礼地にまつわる伝説である。教会当局はキリスト教を異教の地にひろめるために、異教の女神たちが崇められていた場所に意図的にマリア礼拝堂を建て、キリスト教以前あるいは以外の女神信仰を駆逐すると同時に、その女神の権能を吸収してしまうという方法を実践したが、この伝道政策が深層心理学的に興味ある現象を各地に生みだしていて、巡礼地にまつわる伝説もまたそれを示唆しているのである。巡礼地信仰の背景をひとつのこらず丹念に調査すれば、これだけでもヨーロッパ文化そのものの発掘調査をするかのような成果が得られかもしれない。とはいうもののヨーロッパ諸国のすべての巡礼地となると、数かぎりない。一個人にすべての調査はとても不可能である。ここに取りあげるのもドイツのほんの二三例にすぎない。

一　狼、兎とマリア

良質のワインで有名なフランケン地方も巡礼教会が少なくない。この地方の中心都市ヴュルツブルクにも、都心とマイン河をへだてた山の上にケペレと称する巡礼教会があり、これにもバロック時代の奇跡話があるが、これは民間伝説というより、個人的創作の匂いが強いので、ひとまず省略することにして、このヴュルツブルクからさほど遠くない村ディンバッハの巡礼教会のマリアにまつわる伝説を取りあげよう。ディンバッハはいまではひっそりした農村で、巡礼教会といってももう定住司祭もいないらしい。

十四世紀初めの話だが、ある子連れの貧しい女が村はずれの森に薪拾いに出かけた。薪を拾い集めているあいだ、おそらく幼児を籠か何かに入れて、近くの木の根元にでも置いていたのだろう。それを狼にさらわれた。女は半狂乱になって村の教会に駆けこみ、聖母像に、「あなた様も御子がいなくなれば、取りもどしたいとお思いになるでしょう。でしたらわたしの子を取りかえしてください」。そう言うと女は、マリア像の左腕の幼児イエスを取りはずし、森の狼のところへだいていって見せた。すると狼は彼女に子どもを返してよこした。彼女は聖母マリアに大いに感謝して、幼児イエスをもとの腕のなかへともどしたが、まちがって右腕のほうに返してしまった。だからこの聖母像は、母と子の視線がまるであっていないのだという。たしかに二人の視線はあっていないように見える。

ディンバッハ巡礼教会のマリア像　1398年

教会堂の鍵を預かっていた信者の女性に、この奇跡話をたしかめてみると、「そういうこと

らしいです」と、狼の話自体に反応をしめすより、むしろこの話のためにわざわざ遠方よりやってきて教会の扉を開けさせた人間のほうを感心したように見つめるばかりであった。彼女などは子どもの頃からいやというほど聞かされてきた話なのか、あるいはもう狼のことは話題にもならない昔話なのかもしれない。

神仏に願かけをしたり、頼みごとを祈ったりするのは洋の東西を問わない。もっともカトリック文化圏では、願い事はキリストではなくマリアが引き受けている。カトリック神学は、マリアのとりなしとか代願という理屈でマリア崇拝を説明する。いうならば厳しい父親に直接願いでるのははばかるので、優しい母親にうちあけてとりなしてもらおうというのだろうが、しかしこの狼伝説の農婦のように、庶民たちは結局のところマリア自身の力に頼っているのである。日本では初詣でをする神社には、願い事を書きこんだ絵馬をかけるが、同じようにマリア像の足元に願い事や願いのかなった感謝の言葉を書かれた紙片が無数においてある教会がある。オーストリアのリンツの教会などは、表口を入ったところに、マリアに願い事を書く記入用紙片が用意されている。

それにしてもディンバッハの農婦のように、マリアから子どもを取りあげるというのはいささか乱暴のように思えるが、前章で述べたように、自分と同じ苦しみを経験している者だけが、自分をわかってくれ、救ってくれるにちがいないというのが、キリスト教の聖人信仰、とくにマリア信心にみられる独特な性格であり、それがこの伝説にもよく表現されていると思う。しかし腑に落ちないのが、狼のすばやい反応である。まさか狼が子どもを無事に返すわけがない。これはマリアの威光をしめすための作り話だといってしまえば身も蓋もないが、ディンバッハの狼には、あのグリムのメルヘンに登場する狼のような陰険、残虐なものがまるで感じられないのである。幼児イエスを見せられると、ただちに子どもを返してよこす反応がすばやい。この話にはきっと隠された背景があるにちがいない。

ドイツ語のヴォルフ（英語のウルフも同類語だが）の語義は、きわめて否定的である。語源は「引き裂く」という意味で、ミンチのことをフライシュ・ヴォルフ（肉裂き狼）、シュレッダーをパピア・ヴォルフ（紙裂き狼）というように、この意味がいまなお生きている。「赤頭巾」に出てくる狼も陰険獰猛で、このように狼はヨーロッパでは悪魔の産物としてひどく忌み嫌われてきた。しかしいまでは絶滅させられ、ボヘミアの森でも一八七四年に姿を消したとされている（もっとも最近、ポルトガルの山村で農夫が狼の遠吠えを聞いたというので、アメリカの動物学者が探索しているのを、スペインのテレビで偶然見たが、遠吠えの正体ははたして狼なのか野犬なのかさだかではない）。

日本語のオオカミは大神を連想させる。じじつ「おほは大なり、かみは神なり。これをば山神と号するなり」と『名語記』にある。つまりもともと山神の使者として敬われていたのである。狼はいうまでもなく肉食獣であり、その吠え声は夜間に遠くにまでとどいて薄きみ悪がられた。この獣に神性があると信じられたのも、ぶきみで恐ろしくもあったからだろう。だから畏敬もされた。静岡県の山住神社など、オオカミを祀った神社もある。オオカミのお札を神社からもらって帰って門口に貼っておけば、盗難、災難よけになり、竹棒にさして田地に立てると鳥獣の被害にあわないとされたり、オオカミの肉の黒焼きは、神経痛や腹痛に効くと信じられたりしていた。オオカミがヴォルフのように忌み嫌われたという歴史は日本にはない。興味あるのは、フランス語のル（loup）、イタリア語のルパ（Lupa，雌狼）が日本語のオオカミに似ていることである。現代語のルパは男狂いの女の意味もあるそうだが、語源は女神の名である。イタリア語でローマの古名をラ・ルパ・カピトリーナ（カピトリオの雌狼）というのは、ローマ建国の伝説的英雄の双子ロムルスとレムスが雌狼に養育されたという神話に由来している。

いまなら動物学的に周知のことだが、狼は野獣のなかでとくに獰猛な動物というわけではない。それが悪魔の産物にまでされてしまったのは、何か事情があったにちがいない。人類が狼と共存していた期間は長かった。太古の人類は、一対一ではかなわない相手を倒すために集団を組んで狩りをする狼たちの知恵と統制を学びながら、移動していたといわれる。狼と人間は隣りあわせに暮らしていたわけである。だから狼に子どもをさらわれたとか、狼に育てられたとかという話が世界中にあり、狼人間なども登場するのだろうが、ラ・ルパ・カピトリーナ以外の神話もまた人間と狼の生存上の近距離を表現している。アルテミスはマリアの原像の一人と推定されているが、この狩りの女神は人を獣に変身させたり、自分が変身したりした。オレステスが父を殺した母に復讐をとげた後、放浪していった先の地には「狼のアルテミス」の神殿があり、この神殿近くの泉の水で清められ、オレステスは苦悩から解放されたという説もあり、またアルテミスの母親レトの里はリュシスという狼の国であり、彼女自身も雌狼の姿をしてエーゲ海地域にやってきたのだとされてもいる。つまりアルテミスは雌狼が産んだ女神である。

トルコにも、建国の英雄トゥー・クーエが雌狼に育てられたという伝説があるが、ケルトにも王族が狼に育てられたという神話がある。紀元前四世紀のケルト人の美術工芸品は、ラ・テーヌ様式といわれる繊細なものであるが、この時期のものでフランスのロレーヌ地方で発掘されたバス＝ツユの壺には、大鳥の嘴を思わせる上部の注ぎ口の先のほうに飾りつけてある家鴨の子を、追うようなかっこうの狼の把手がつけてあり、その歯の間につながれた鎖を引くと蓋があくというしかけになっている。このように、狼は人間のすぐそばに住んでいたにちがいない。

　人間の生活と狼のかかわりあいが密接であったことは、近世まで生きていた農村の迷信もまた証明しているように思う。農民たちにとって、狼は植物のデーモンでもあった。穀物畑に風が吹くと、彼らは狼がやってくると信じていた。ライ麦狼とかジャガ芋狼とかいうのである。狼が尻尾をたらして走るのを見かけると、その夏は豊作ということになっていた。天候にも狼は関係していて、日本では狐の嫁入りというところを、ドイツでは「狼の結婚式」という。虹が出るのも、狼が熱をだしたせいであった。天気のくずれる予兆のサバ雲やイワシ雲を、ヨーロッパでは羊雲というが、デュッセルドルフ近郊の農村には、「今日は羊だが明日は狼〔雨〕だ」という言い回しが伝えられている。

〈バス＝ツユの壺〉の把手

　人類が狩猟にあけくれていた間は、狼と共存していたが、原始的ながら農耕生活も確立され、人間が定住し、やがて牧畜も本格的なものに発展してくると、こんどは逆にそういう人間のお相伴にあずかろうと、まわりをうろつく狼は一転してこの上なく邪魔で、賢いだけに陰

ケルトの神と動物たち（〈グンデストルップの大釜〉、部分、デンマーク出土）

険に感じられる存在になってしまった、と考えられる。しかし悪魔の産物にまでおとしめられたのは、これだけの理由ではないだろう。古代の女神のアトリビュートであった蛇を、邪悪な動物にかえてしまったユダヤ＝キリスト教の神話が、狼も悪魔の産物にしてしまったにちがいない。キリスト教神話では、狼は老婆たちがエバの不服従からつくりだしたものだとか、人間をつくろうとした悪魔が狼の肉体をつくってしまって、命だけは神から与えられた、などということになっている。

ケルトも時代がさがると、狼はしだいにその恐ろしいぶきみな側面が強調されるようになる。「夜の犬」と呼ばれ、昼をのみこむ夜、善を圧倒しようとする悪の象徴にされるようになる。「男権社会の敵は、ギリシア神話に典型をもつごとく女と動物であった」（鶴岡真弓）とすれば、狼は、男権＝昼に対抗する夜＝女を象徴する動物になっていったのかもしれない。アイルランドに伝わるケルト伝説に、女神がさまざまな動物に変身して英雄クー・フリンを苦しめようとする話があるが、このなかに雌狼になって他の獣を脅迫し、クー・フリンに襲いかからせてやろうというくだりがある。キリスト教はこういう女神を悪魔の母親にしてしまったわけである。マリアの腕からはずしとった幼児イエスを狼に見せて、わが子を返してもらったというディンバッハの女の話には、背後にこのような古代の女神と狼の親近性があきらかに見え隠れしているように思われる。短絡的にむすびつけることはできないかもしれないが、ディンバッハの狼は、少なくとも「赤頭巾」に登場するようなヴォルフ以前の狼であることはたしかである。

ヴュルツブルクのやはり近郊、マイン河を十七キロほどくだったところにあるレッツバッハも、現在は無人駅のひっそり静まり返った町だが、かつてはヴュルツブルク司教区で最も古い巡礼地であった。この谷間の町の巡礼教会にも、伝説につつまれたマリア像が祀られている。兎狩りをしていた男たちが手負いの兎を追ってこの谷あいまでくると、兎は地面の穴に消えた。逃してなるものかと、その兎穴を掘り返しにかかった。すると石の聖母像が出てきた、というのである。ここの巡礼教会の百三十センチほどの小さなマリア・イム・グリューネンタール（緑の谷のマリア）はたしかに石像で、赤い砂岩でできている。顔にすり傷のような跡があるのは、男たちが地面を掘り返したときに、あやまってつけた傷だという解説冊子の能書きまでである。

レッツバッハのマリア像
（〈緑の谷のマリア〉）

兎とキリスト教というと、まず復活祭の兎が思い

聖母子と兎　1515年頃、
フライブルクの司教座大聖堂

だされる。復活祭はもともとゲルマンの春の女神オースタラを祝う春分の祭りだったのを、キリスト教が吸収したものである。復活祭にはゆで卵を色とりどりに塗って祝うが、この卵も精力、多産の象徴として、女神オースタラに供えられていたのである。卵は十二世紀以来、復活祭を迎える前の肉食をひかえる週間の重要な食物となった。肉類をひかえて卵というのは奇妙な話だが、卵を色とりどりに塗って復活祭の捧げものにしたのは十六世紀以来だという。ところでドイツでは、この卵を兎がもってくるものとされた。生物学的に奇妙で、鶏こそいい面の皮だが、ゲルマンの信仰では、兎もまた多産、豊穣を象徴する動物であったから、兎が卵をもってきて草叢にかくす、といったような話がつくられたのだろう。

兎は魔力ある動物だとも思われていた。現われたかと思うと、たちまち姿を消す。いわば神出鬼没に見えたので魔力があると信じられたのであろう。魔力のある兎の身体の一部を所持していると幸運にあずかるというのは、ドイツに広くいきわたっていた迷信であるが、迷信は新大陸にも移住したらしい。いまでも、おまじないに兎の尻尾の毛などを所持している者が宇宙飛行士にもいるという話を聞いたことがある。日本ではスッポンや鯉の生き血には特別の薬効があると信じている者が今日でもいるが、ドイツでは兎の生き血にこれと似たような効力があるとされていた。十七世紀にはまだ薬局で兎の血を売っていたという。魔力をもつと思われる動物は、また怖れの対象にもなった。兎は魔女が好む動物で、魔女がよく兎に変身するというのも、とくにドイツにひろまっていた迷信である。外出時に兎を見かけると縁起が悪いとされたものであった。

兎を追ってマリア像を発見したという伝説は、まさかこうした迷信と直接関係のあるものではないだろう。じつはもっと古くさかのぼれば、インド・ゲルマン諸族間では、兎は地上の繁殖をコントロールする月の動物であった。豊穣の象徴であると同時に愛の女神のアトリビュートであった。古代のギリシア人たちは、兎をアフロディテにささげているし、ケルト人もこの慣習を自分たちの女神信仰に取り入れている。壺などの装飾に狩りの獲物としてではない兎の姿が用いられ、アイルランドの民間伝承は、兎と母神の近親関係を今日まで伝えている。あるはまた、ある青年が犬を連れて兎狩りに出たところ、兎が彼の目の前で美しい乙女に変身し、彼の妻になったというケルト伝説などに、どこか似たようなものがレッツバッハの兎の話にありそうである。

二　水とマリア

このレッツバッハのマリアはしかし中世には、いま述べた発見のいわれよりは、水と関係する奇跡信仰によってありがたがられていた。霊験あらたかな泉の湧くというこの谷間を守る守護女神として崇められてきたのである。教会の解説冊子書にも「数多くの奇跡で有名」な聖母像とある。

小川がつぶやきながら
銀色の帯をひく谷あいの
緑なす草原の古い教会に……

レッツバッハ巡礼者たちが歌ったという歌の冒頭だが、おそらくここは、マリア像のための礼拝堂が建てられる以前から、泉の霊験あらたかな霊場として信者を集めていたのであろう。ここの泉の水によって病が治るという古代からの奇跡信仰を、この十四世紀に制作されたマリア像は、受けついだにちがいない。ちなみに、このマリア像の体内からは、骨片と十四世紀のものらしい布切れが出てきた。おそらくマリアの衣の端布というふれこみのもので、水とは直接関係はないが、これもこのマリア像の奇跡力を念じこめるものだったのだろう。

新約聖書でも水は重要な意味をもっている。洗礼者ヨハネは、「水で洗礼をさずけ」（マコ一・八、マタ三・一〇、ヨハ一・二六）、イエスは水を飲ませてくれたサマリアの女に、「私が与える水は、その人間のうちで泉となり、永遠の命にいたる水が湧きでる」（ヨハ四・一四）と水の比喩を用いている。しかし水によって病が癒されるという信仰はケルト人のものであった。彼らは水そのものに神霊的な力があり、病気の治癒や清浄作用があるとして、川や泉を崇めていた。川や泉には女神が存在していたのである。

ケルト人は川や泉に捧げものをし、沼地で祭祀をおこなっていた。

水はしかしまた危険なものでもあった。深い水底は冥界に通じているとして怖れられていた。ケルト人たちはさまざまな物を奉納物として、水中に投げこみ、ときには人身御供さえおこなって、沼の霊を鎮めたという。これは海神の怒りを鎮めるための人身御供と似た話であるが、沼だけではない。井戸なども冥界や地獄に通じるものと思われていた。水は危険なものであり、死を意味するものでもあった。発掘されたケルト時代の古井戸の底や、沼地からは、投げこまれていたさまざまな容器や犠牲のものらしい骨などが多量に採集されている。ひょっとするとローマの噴水盤に、後向きになって硬貨を投げこむという習慣もこれの名ごりだろうか。

アルトエッティングの黒マリア像
木彫、1330年（バロック風の衣装を身にまとった状態）

話が脱線したが、川で溺死した男の子の命をよみがらせる奇跡をおこなったというのがアルトエッティングのマリアである。この巡礼地は、ミュンヘンとパッサウのほぼまんなか辺り、北上するイン河の左岸に位置するが、一四八九年に、ここのマリアが奇跡をおこし、以来アルトエッティングはドイツ最大の巡礼地のひとつになっている。年代記編者ヤーコプ・イルジングの書きしるしているところによれば、ある三歳の男児が水に落ち、引きあげられたときにはすでに絶命していた。母親は溺死したわが子をかかえて礼拝堂に運び、祭壇の上に寝かせ、一心に聖母に祈った。すると男の子が息を吹きかえしたというのである。現代なら、助けあげるのが早かったことも幸いして、奇跡的に命をとりとめた、という説明になる事故だが、この噂がたちまちひろがり、各地から巡礼者が訪ねてくるようになった。そのため手ぜまになった礼拝堂に、長堂が増築されたが、それでもたりなくなり、一四九九年には、礼拝堂そのものも建てかえることになったのだという。その八角形の礼拝堂は現在「恵みの御堂」と呼ばれている。奇跡を起こしたという聖母像は、いまは右腕にだいている幼児イエスともども、きらびやかな王冠をかぶり、黒地に宝石をうめこんだ花模様の刺繍でできたバロック風のガウンをまとっている。十四世紀初頭に上部ライン地方にあるシトー会修道院で制作された初期ゴシックの木彫（シナノキ）である。

この奇跡のマリアは色が黒い。黒マリアが見られるというので、アルトエッティングは、スペインのモンセラートほどではないにしても、観光客たちがひしめきあう場所になっている。それはさておき、ついでながらこの教会堂の近くに、修道士コンラートの銅像のある噴水がある。コンラートが傾ける容器から水が流れでるという仕組みになっている噴水である。観光客のうちには、やはりカトリック教徒が多いのかもしれない。ちょうど日本では寺の前で焚かれている線香の煙をわが身のほうに招きよせるようにして、縁起をかつぐ者たちがいまでも多いように、ここでも多くの者たちがコンラートの噴水の水盤に手をひたしたり、その水で顔をぬらしたりしている。コンラートは、宗教改革の後、一時下火になった巡礼運動の復活に尽力したカプチン会の修道士たちの一人だが、アルトエッティングのために特別の働きをしたものとみえ、聖人に列せられ、当地ではこの聖人のための祝祭が催されるという。イン河に近いこの地は、ずっと古くカール大帝も重要視していたというが、水信仰が古くからあったもののようで、マリアの奇跡が水と関係しているのも、そのせいだろう。

このイン河がドナウ河に合流するオーストリアとの国境近くに位置するパッサウにもやはり巡礼教会がある。マリア・ヒルフェ（お助け・マリア）と呼ばれている小山の上にある教会の前まで、麓から天井つきの階段廊下がつづき、壁にはキリスト受難の十字架の道行きの場面が描かれている。巡礼者たちは祈りながらここをのぼっていったのだろう。

ここのマリア教会にも、やはりかわった話がある。一五七四年生まれのシュヴェンディ男爵とかいう人物がいて、二十歳にしてこの町の聖堂参事会員になった。近ごろの二十歳の一般からすると、すでに相当老成していたのか、親の七光だったのか、三十代には参事会会長に選ばれている。シュヴェンディ男爵は、町はずれの河の合流点近くにある自分の領地の庭園を散策するのをたのしみにしていた。ところがある夕刻、対岸の山のほうから妙なる楽の音が聞こえ、思わず顔をあげて見ると、山の上に燭火の列がゆれていた。また別な日には、マリアが河靄のたちこめるイン河を、貴族の娘たちをともなって舟でくだってくるのが見えたという。一行はしかし橋のたもとで消えてしまった。こういうのを幻視、幻聴というのであろうが、シュヴェンディは、これを小山の上に礼拝堂をつくれというマリアのお告げと心得、雑木林を切りひらきマリア礼拝堂を建立する。信心深い男だったようだが、ついでに自分の館まで建てさせたというのだから、かなりの財力の持ち主だったのだろう。

男爵の存命中すでに、マリアが出現したというこの町へバイエルン、ボヘミア、オーストリアなどから巡礼者たちが集まりはじめていたが、マリアがパッサウの「神の母」となったのは三十年戦争時代である。スウェーデン軍がすぐ近くまで進出してきた。しかし市民たちが「マリアよ、助けたまえ」と懸命に祈ったために、スウェーデン軍の侵入は免れたという。マリアが戦時に町に救いの手をのばしたという出来事は、コンスタンティノープル、ヴェネツィア、シエナ、ストラスブールといった都市では、もっと派手な伝説となって伝わっているが、パッサウでもやはりマリアの助けがあった。しかしペストが襲ってきたときには、マリアもなすすべがなかったもののようである。その上パッサウは一六六二年に大火にあって灰燼に帰してしまう。その二十年後の一六八二年、トルコ軍がウィーンにおし寄せた。オーストリア皇帝はパッサウに難を逃れ、この礼拝堂のある山に身をひそめたが、このときもまた「マリアよ、助けたまえ」の連禱がくり返された。翌年トルコ軍が撃退され、「パッサウの神の母」の名声がふたたび高まり、「マリアよ、助けたまえ」という祈禱が、そのままこの小山の名称となったのである。しかし十九世紀にまたしてもこの町は危機を迎える。こんどはナポレオンが進軍してきて、河の合流するこの町の丘陵地帯を「ヨーロッパの砦」にすべく、教会も何もかもとっぱらってしまおうしたのである。このときも「パッサウの神の母」が力を発揮したのだろうか。砦は実現しないで終わった。シュヴェンディ男爵へのマリアのお告げは、この町に迫っている幾多の艱難を、あのときすでにマリアが予告していたのだ、といまでは解釈されている。

三　涙を流すマリア

同じように苦難の予告を、マリアが涙を流しながらおこなったという奇跡の例がある。マリア像が涙や血の汗を流したという奇跡は、ヨーロッパ各国に伝えられているが、ドイツの南西端の大学町フライブルクの近郊にあるエンディンゲンもそのひとつである。一一八〇年に創建されたというロマネスク様式の聖マルティン教会に祀られている神母像が涙を流したのである。

エンディンゲンの神母像
(聖マルティン教会)

ここも現在はやはり静かな町である。聖体行列が年中行事になっているというから、そういう祝日には賑わうのかもしれないが、平生は人通りも少ない。肥沃なこの地方は、かつてはハプスブルク家の領地であり、十四世紀から十九世紀初頭まで前部オーストリアと称していた。その当時の繁栄の名ごりが市門などにうかがえるが、いまはひっそりとした町である。

ここの聖マルティン教会のマリア像が、一六一五年に涙を流したというのである。キリスト昇天の祝日（五月二七日）の前日の早朝、職人組合の寮母アンナ・ローナーが、聖体行列のために、聖母や幼児イエスにかぶせてある王冠を新しいものに取りかえようと、教会に出かけていった。市長マテウス・シュテーク夫妻やクリンカウという名の錠前職人も同行したという。一行は、教会内で待っていた説教師ジギリスト・マーテルとともに、祭壇に近づいて、聖母子像を見あげると、マリアの頰に涙が光っていた。聖水でも飛び散ったのだろうといって、マーテルは祭壇に梯子をかけてのぼり、その頰の水滴を指でぬぐった。するとまた流れてくる。見れば、マリアの目に涙がたまっている。こんどはそれを布で拭いてみた。しかしまた目に涙があふれ出る。拭いても、拭いてもあふれ出てくる。それどころか幼児イエスまで涙を流しはじめた。

大騒ぎになった。この教会の司祭ゲオルグ・ラウプが呼び起こされ、下手のペテルス教会からも、管理人バルタザール・ヴェルテが女房ともども息せききってとんで来た。他にも市参事会員、綱職人の親方なども馳せ参じた。司祭のラウプが、あらためて白い布で聖母子の顔をぬぐったが、涙はやはりとまらなかった。二人の涙が涸れたのは、その日の夕刻になってからだったという。事件の三日後の五月三十日、目撃者たちは、市参事会に呼ばれ、調書が取られた。

こう記録されているのである。奇跡を信憑性あるものにするためか、いやにはっきり日付や目撃者たちの名前が記録されているが、注目したいのは、このマリアがやはり水と関係していることである。泉の豊かな地方であるのに、この一六五一年という年は、すでに二月頃から井戸や泉の水が涸れはじめていたという。夏にはたいへんな旱魃となり、家畜のみならず人間も多数死んでいる。苦難はこの天変地異だけではなかった。まもなくライン河がをへだてた対岸のストラスブールでも司教座をめぐり、カトリック教徒とプロテスタント教徒が血なまぐさい争いをはじめるという三十年戦争の渦を、エンディンゲンも免れなかったのである。

マリアの涙の奇跡は、これを予告し警告していたのだ、といまでは解釈されているが、この町には「泉の歌」が残っている。

泉の水　井戸の水よ　川の水　湖の水よ
おまえたちの助けをわたしは求める
神の母の栄光を讃える
賛美の歌声がたちのぼる
おまえたち　その豊かに流れる水で
ここエンディンゲンの町の
マリアの流した涙に応えてほしい

カイザーシュトゥールの北端に位置するこの地方も、いまではむしろ良質のワイン産出で知られているが、ここにも水の生命、清浄作用に対する古くからの信仰の伝統があったにちがいない。その昔この辺りにもやはりケルト人たちが住んでいた。ゲルマン人に攻めたてられスイスに逃れるまで、ライン河にそう地域はケルト人の故郷だったのである。この南西ドイツから北へとのびているシュヴァルツヴァルト（黒い森）の終わる辺りに位置するホッホドルフでは一九七〇年代に、ケルト黄金期の古墳の大がかりな発掘作業がおこなわれいる。ちなみにスイスに逃れ、フランスへと移動していったケルト部族は、ガリア支配をもくろんでいたローマ軍に壊滅的な打撃を受けることになる。

第六章

マリアの母アンナの家系

▶レオナルド・ダ・ヴィンチ
《アンナ、ヨハネと聖母子》画稿
ロンドン・ナショナル・ギャラリー

はじめに

パリのモンパルナス駅から朝急行で発てば、昼すぎにはオーレイというブルターニュの海岸地方の町に着く。そのもう少し先は、かつてゴーギャンがベルナールらと絵を描いていたポン・タヴァンである。印象派以後の新しい足跡を残した運動を意味するものとして絵画史に刻まれているポン・タヴァン派の名のほうが日本ではずっと知られているが、このポン・タヴァン最寄りの駅ケンペレとオーレイの間に、サンタンヌ・ドゥ・オーレイ（オーレイの聖アンヌ、早く発音すればサンタン・ドーレイ）という巡礼地がある。巡礼地といっても、ここの壮大な敷地に建つ大聖堂の巡礼対象はマリアでなく彼女の母親のアンナ（フランス語の発音でアンヌ）である。大昔ここはケランナ（アナの町）と呼ばれる集落であったという。つまり昔からアンナゆかりの巡礼地なのである。

いったいマリアに母親がいたのかなどと問うのは、ひどくナンセンスに聞こえるが、しかしこういう問いかたをしなくてはならないのが、マリアの事情である。大工ヨセフの妻マリアにも当然ながら両親はいただろう。しかしマリア自身についても情報量の極端に少ない新約正典は、彼女の両親には一言もない。ヨセフについては、マタイやルカが家系図を記述していて、マタイはヨセフの父親をヤコブ、ルカはエリだと書いている。どちらが正しいか、などということはさておいても、とにかく福音記者たちはヨセフの家系は気にかけている。だがマリアの両親はまったく問題にしていない。にもかかわらず、アンナが現われ、崇拝の対象にもなっているのはなぜであろうか。

一　マリアは良家の出？

マリアの母親はアンナであるということが周知の事実のように通用しているのは、イエスの弟ヤコブが書いたという外典「ヤコブ原福音書」のせいである。この福音書の冒頭にマリアの両親が登場する。その冒頭の数章を要約すると、こうである。

ヨアヒムという牧童を多数かかえた裕福な牧畜経営者がいた。牧場主といえば当時の社会では権力もある名士である。彼は神への供物を人の二倍ささげるのを得意にしていた。ユダヤのある重要な祝日に、ヨアヒムはいの一番に神殿に出かけたが、供物を断られた。いまだイスラエルに子孫を残していないから、捧げ物を第一番にする資格はないというのである。彼は衝撃を受け、帰宅することなく、荒野にいって天幕をはり、神が自分を顧みてくれるまではこの場を動かないといって断食をはじめた。

いっぽう妻のアンナも自分の不妊をつねづね嘆いていた。不妊症はユダヤの伝統的固定観念にあっては、神から呪われている証しなのである。彼女は花嫁衣装を着て庭に出ると、月桂樹のもとにひざまずき、空の鳥、地の獣でさえ産む力を与えられているのに、自分は鳥獣とさえ比べるべくもないという嘆きの歌を歌った。すると天使が現われ、「アンナ、アンナ、主はあなたの願いを聞き入れてくださった。

あなたは身ごもって子どもを産むであろう。あなたの子は、全世界で語られるであろう」と告げた。アンナは答えて、「男の子でも女の子でも授かれば、主なる神に捧げます。その子は生涯、神に仕えるでしょう」。天使はヨアヒムのところにも現われ、彼の妻が身ごもると伝えた。彼はただちに牧童たちを呼びよせ、子羊十四、子牛十二匹を祭司に、そして民のために百匹の山羊を寄付するようにと命じておいて、帰宅し妻と悦びあった。アンナはそれから九ヵ月目に女児を出産し、マリアと名づけた。生後六ヵ月でもう七歩も歩いたというマリアの一歳の誕生日に、ヨアヒムは祝宴をもうけ、祭司、律法学者、長老などを招待する。祭司は幼児マリアを祝福して、「いと高き神よ、この幼児の上に目をとめ、こよなく祝福したまえ」と唱えた。アンナは祝福されたわが子を受けとると、寝室につれて入り、乳を与えながら賛歌を歌ったものである。神との約束をはたすために、ヨアヒム夫婦は三歳になったマリアを連れて神殿に出かけた。マリアを迎えた

フィリッポ・リッピ《聖母子とアンナの生涯》
1452年、フィレンツェ、ピッティ美術館
（画面左にマリアの誕生、右奥にアンナとヨアヒムの出会いが描かれている）

祭司は接吻し、「主はあなたの名をすべての世にいたるまで大いなるものとされた。終わりの日に主はあなたを通じてイスラエルの子らのために贖いをしめされるであろう」と祝福し、祭壇の三段目にすわらせた。これ以後マリアは神殿にとどまることになり、両親は神を讃えつつ帰途についた、というのである。

マリアがこれほど裕福な家庭の娘であり、しかも神の特別な恵みにより生まれてきた身の上であって、神殿祭司にくり返し祝福され、「イスラエルの子ら」にとって重要な女性であったのだとすれば、当時の社会構造にあって、一介の大工がこのような娘を妻にするのは一大事である。たとえヨセフも大工に身をやつしてはいたが、もとはといえばダビデ一門という由緒ある出自なのだとしても、とにかくこれはもう大事件であり、寒村ナザレでは大評判になっていたはずである。イエスのことを、「大工とマリアの息子ではないか」（マコ六・三）と同郷の者たちが揶揄するはずはないし、福音記者も知らん顔ではすまされなかっただろう。じつはしかしすべてがつくり話なのである。

イエスの弟のヤコブがこれを（彼にとっても母であるマリアの幼児期のことを）書いたなどとは、よく言ったものである。現代の聖書文献学は、この原福音書は、新約正典より後代に書かれたものであり、しかもルカ福音書や「サムエル記」を下敷きにしていることをつきとめている。書かれたのは二世紀末から三世紀にかけてらしい。著者は不明だが、ユダヤの律法や習慣に正確でないところから、ユダヤ人ではないにちがいない、と推測されている。二世紀末といえば、すでにマリア崇拝がひろまりはじめる頃であった。おそらくマリア崇拝を支援し、助長するために、新約では家系不明のマリアを、主なる神の特別の恵みによって誕生した娘にしたてあげている。マリアをキリストの処女生母にする意図をこめて執筆したのだろう。

最初期のキリスト信奉者たちは、イエスの教えに反して、ユダヤ教の律法やユダヤ社会の因習を遵守していた。イエスを救世主にするか否かという点で過激なところはあっても、本質的にはユダヤ教の一分派とさえみなせるものであった。その主流は、ヤコブを首長とするヘブライ派であったが、このヤコブはイエスの使徒のヤコブだといわれている。では他の使徒たちはどういう宣教活動をしたのか、マグダラのマリア他、イエスに最後までつきそっていた女性たちはその後どうなったのかというと、伝説はさておきはっきりしないのだが、「使徒行伝」の記述（使三・一一以下など参照）やパウロの書簡（ガラ二参照）から推測するかぎり、ペトロなどもこのヘブライ派と身近な関係にあったようである。イエスがあれほど非難した神殿に出入りし、儀式に参加している。そしてこの頃のキリスト信奉者の共同体では、マリアは何ら特別の女性とはみなされていない。

しかしキリスト教はまもなくユダヤ以外の異邦人（異教徒）の世界へとひろまり、多様化していく。それをここですべて追うわけにはいかないが、エジプトだけは、ここで重大な意味をもつものとして言及しておきたい。もともとエジプトはイエスに縁が深い。彼の父ヨセフの夢に現われた天使が、「子どもとその母親を連れて」（マタ二・一三）逃げよと指示した指定先でもあった。だから、イエスはじつは両親の避難先のエジプトで成人し、悪魔祓いの魔術を身につけたのだともいわれている。そうして聖書の言葉のうちに、エジプト的なものを探しだそうとする試みもあり、たとえば、イエスに会いたいというギリシア人たちがエルサレムにやってきた際に、「麦粒は地に落ちて死ななければ、一粒のままである。だが死ねば多くの実をむすぶ」（ヨハ一二・二四）とイエスが謎のようなことを口にしたり、あるいはまた、自分は「殺され、三日後によみがえることになっている」（マコ八・三一、マタ一六・二一、ルカ九・二二）と予告する場面なども、じつはエジプトの秘儀宗教からとりこんだ台詞なのだという。もっとも、イエス自身がすでにオシリス教の秘儀をわきまえ、それをわが身にあてはめて言ったのか、福音記者たちが使用したイエス語録にエジプト的要素が混合していて、これに新しい神学的意味を付与したものなのかはさだかではない。いずれにせよ、エジプト神話によれば、オシリスは、身内に殺されて切り刻まれ、その身体部分を各地にすてられる。妻のイシスは嘆き悲しみながら、その身体部分を探しもとめ、三日間ですべてを拾い集め蘇らせたのである。女神イシスにはそういう力があった。オシリスの殺されたのも金曜日であったという。

　周知のように古代エジプトには女神イシス崇拝の長い伝統がある。その長い歴史の経過にしたがって女神イシスの姿も、他の神話の神々と同様に変化していったが、もともとは、一切の生みの親である大母神であった。この創造主的な特性は維持されつづけるのだが、彼女から生まれた息子は、やがて恋人になり、ついには夫オシリスへと成長する。しかしこの秘儀宗教に、それまでにはない大きな変化と新しい展開のきっかけを与えたのが、紀元前四世紀のアレクサンドロス大王のエジプト支配であった。大王は、紀元前三二三年に急死してしまうが、彼の建設したアレクサンドリアをエジプトの首都として、プトレオマイオス・ソテルが新王朝を開き、ヘレニズム世界の一王国として発展する。秘儀宗教もヘレニズム化により排他性がなくなり、地理的に拡大する力をもつことになった。女神イシス崇拝は、ギリシア的な要素を混入させながら、地中海沿岸地域に伝播していき、ローマの庶民の心をとらえたのであった。

ローマの公的な宗教はユピテル（ゼウス）を長とするギリシア・ローマのオリュンポスの神々の形成するものであった。しかし、そこへ伝播してきた女神信仰のほうが、民衆にははるかに吸引力があった。オリュンポスの神々の秩序だった権威世界より、秘儀的な女神信仰のほうがはるかに民衆の官能や空想力を刺激したのである。父権制的な統一帝国にとって、これは危険なものに感じられ、ユリウス・カエサルはイシス崇拝を禁止し、さらにティベリウスは祭司を多数殺害して、イシス崇拝者たちを迫害した。にもかかわらず、この宗派は衰えることはなく、一世紀にはついに上流階級にも浸透し、皇帝の何人かにイシス崇拝者をだすまでにいたる。女神イシスの祝祭がローマで公然と催されるようになり、これは三九四年までつづいている。これに激しく対立したのがやはり異教徒世界に進出してきた新興宗教のキリスト教であった。

このエジプトのアレクサンドリアで司祭をつとめたアダマンティウス・オリゲネス（一八五／六～二五四頃）は、初代教会の重要な教父とされているが、彼が司祭になったのは、ローマでは、ペトロを旗印とする正統派がすでに特権的な足場をかためていた頃である。ペトロを旗印にする根拠は、イエスがペトロに「おまえはペトロ。私はおまえの上に私の教会を建てる」（マタ一六・一八）と言ったというマタイの記述である。これが主流派の金科玉条であった。この主流派に二世紀頃から危機感を与えはじめたのが、東方世界におけるグノーシス派の隆盛であった。アレクサンドリアで新プラトン主義哲学を学んでいたオリゲネスは、このグノーシス主義と正統派の教義との調和を見いだそうと試みたが、イシス崇拝の現実もおそらく何度か目撃し、その吸引力を感受していたにちがいない。彼はこの女神崇拝や神像をキリスト教内にかかえこんでしまおうと旧約をもちだし、これをキリスト教的に正当化したものである。彼がよりどころにしたのは旧約に登場するシバ（サバ）の女王である。シバの女王は、ソロモンを訪ね、彼を賛美し、らくだに積んで運ばせてきた金、宝石、香料などを彼に贈って帰国する（王上一〇・一～一三、代下九・一～一二）。この「彼女の国」がどこなのか、また彼女の肌の色についても、旧約の記事からは不明である。マタイは、この旧約の話をたとえに引用し、シバの女王の故国を「世界の涯」の「南の国」（マタ一二・四二）と呼んでいる。ユダヤをまっすぐ南下すればイエーメンあたりがそういうことになるだろう。ところがオリゲネスは、どういう根拠かシバの女王の国をエチオピアだと断定した。こうしてシバの女王を肌の黒い女性にし、しかも異邦人の教会を代表する者として、神学的に象徴化した。黒いイシス女神像をマリア像へ変身させる下地がつくられたわけである。異教的要素を自分たちの宗教に取り入れ、変身させてしまうのも、異教を抑圧し克服するキリスト教のみごとな政略であるが、オリゲネスはその旗手の一人であった。もっとも、ぶつかりあうさまざまな文化の坩堝だったともいえるエジプトのヘレニズム世界は、神々の名の変換を容易にする環境だったかもしれない。アレクサンドリア以前に古代エジプトの首都であったサイスのイシス神殿も、三世紀にはマリア教会に姿をかえられている。

マリアはこうして異教の女神に対抗できるように、女神化されていったわけだが、念のためにくり返すと、マリアは古代の女神とは本来、歴然としたちがいがある。彼女は、神話の神々の一人ではなく、歴史上の人物である。ナザレの大工の妻である。ルカは「マリア讃歌」のなかで、マリアに自分のことを「はした女」と呼ばせている。マリアはこの讃歌のなかで、主を讃えながら、権力の座にあるものが零落し、貧困にあえぐ者たちが裕福な者と同等になる世が、主によってもたらされるように、と願っているのでる。世のなかの革命的な変化を期待しながら、主を讃美している。この歴史上の女性を神話化するには、彼女が卑賤の身であるという現実は具合の悪いことであった。オリゲネスは、この点においても、巧みな論を展開したものである。彼はルカの創作した「マリア讃歌」をマリア自身が自分で旧約聖書を想起しながら歌ったのだという前提から出発して、マリアを旧約の造詣深い、きわめて教養の高い女性にしてしまった。マリアは読み書きの教育も受けられる環境にあったことになり、とても卑賤の身の上であるはずがなくなった。彼女が自分を「はした女」と呼んだのは、神に呼びだされた人間のへりくだりを表明したものであり、「はした女」は彼女は謙譲の美徳をしめす言葉であるというのである。こうしてオリゲネスは、「マリア讃歌」の言葉を、すべて倫理的、道徳的な象徴と釈義し、ここから政治的社会的な内容をぬき去ってしまうと同時に、マリアを名門の出にする神学理論の道を開いた。同様な見解が、後の教父や司教、神学者たちによってくり返され、誇張されることになる。

「ヤコブ原福音書」は、マリア崇拝の促進される時代に書かれたものであった。アンナはマリア崇拝を支持するために登場したわけである。しかしそれだけでは、キリスト教神学的に不十分であった。マ

ジオット《黄金の門の前でのヨアヒムとアンナの出会い》（部分）1304-6年、パドヴァ、スクロヴェーニ礼拝堂

リアが無垢であることを強調するためには、アンナも性行為によらずに、娘を産んだということにしなくてはならなかった。そこで、アンナは夫ヨアヒムと口づけしただけで（つまり性交渉によらずに）マリアを受胎したなどという話までつけくわえられた。だれがつけくわえたのが知らないが、この話もキリスト教的な画家に格好のモティーフを与え、ジオット・ディ・ボンドーネが《黄金の門の前でのヨアヒムとアンナの出会い》と題するフレスコ画を十四世紀のはじめパドヴァで描いて、後続の手本になっている。

ところが民間信仰のアンナ崇拝は、教会の思わく通りのものにはならなかったのである。

二　アンナ崇拝

マリア崇拝の系譜だけを記述していると、キリスト教はマリア崇拝を推進することによって発展していったかのような印象を与えてしまうが、キリスト教発展の根幹はそうではない。キリスト教がローマ帝国において最終的に勝利を収めたのは、この宗教が教条遵守に厳格で男性的、父権制的な強烈な一神教だったからである。これは法を重視するローマの中央集権主義と馬があうものだった。同じ性質ものが反対にまわれば最も憎い存在ともなる。着々足場をかためてくる教会に強い反感をいだいたローマ皇帝たちは、三〇三年から三一三年にかけ弾圧をくり返した。しかしながら、キリスト教徒がローマ帝国時代に大迫害にあったという娯楽映画化もされたポピュラーな物語は、キリスト教がつくりだした神話である。前述のイシス崇拝の例にも見られるように、ローマ帝国の歴史のなかでキリスト教だけがとくに迫害されたわけではなく、またキリスト教徒は、つねにその教義ゆえに迫害されたのでもない。ペトロやパウロが殉教したのも、ユダヤ民族主義の反乱のとばっちりを受けているのである。同じ一神教でもユダヤ教は民族宗教であり、民族主義と表裏一体をなしていた。ローマ帝国は被征服民族の文化には寛容であったが、ローマの法律に従わない態度には容赦しなかった。ローマの法秩序にはむかうユダヤの民族主義的な抵抗や反乱は叩きのめしにかかった。ところがイエスの運動は本来ローマに反抗するものではない。「皇帝のものは皇帝にさしだすがよい。神には神のものを」（マコ一二・一七）というイエスの言葉は、ヘロデ信奉者やファリサイ派を仰天させても、ローマ人を怒らせるものではなかった。にもかかわらず、キリスト教は最初の頃、民族主義的なユダヤ教の一分派にみなされていたのである。

宗教の主な機能は、国家の利益に奉仕するものだというのがローマ的な観念であった。この観念において、キリスト教は最終的にはローマ帝国と合致した。逆にキリスト教史から見れば、ローマ帝国こそ人類史上の偶然ともいうべく、この上ない有利な土台を提供してくれたのである。キリスト教が勝利をおさめたのは、キリスト教のみが真理であり、善であるのに対し、異教が誤謬であり邪悪であったからだ、などというのは長い間大人をだましつづけてきた子どもだましにすぎない。真理とは真理を求める意志の虚構（言葉）である。あるいはキリスト教が生成する頃には、真理を意志する時代が到来していた。「はじめに言葉があった」（ヨハ一・一）とヨハネが書いたのは、新しいもののはじまりを宣言するためではあったが、これは同時にまた何かの終焉をつげてもいたのである。

言葉が神となった。これ以前に真理の言葉があったとすれば、それは実存作用するものを、しかるべき儀式を通じて伝える手段でしかなかった。ところがいつしか言葉が自らの言説に真理を主張させるようになった。言説とは掟であり、律法であり教義である。これがひとたび真理（相対的ではなく絶対的な真理）として通用するようになると、真理は禁止と排除の制度を、自己を絶対的に扶養するための最大の糧にするのである。

コンスタンティヌス帝は「信仰の自由を認めた」寛容な皇帝だったわけではない。キリスト教をローマ帝国に合致させることが、どれほど必然的なことかという、両者の同質性を悟ったという意味において賢明な皇帝だったのである。ところが、どういう理由からか、コンスタンティヌスは周知のように、ローマ帝国の首都をビサンティンに移してしまった。急速に弱体化するローマにおいて、キリスト教司教は、専制君主にかわって「永遠のローマ」をつくりあげることになる。帝国が弱体化し、崩壊にいたる過程において、教皇がローマ皇帝にかわり、その中央集権的統一主義を推し進めていった。異端を弾圧し、古くからの貴族階級もキリスト教に改宗させていった。教皇レオ一世（四四〇〜四六一）などは、西ローマ帝国の実質上の皇帝であった。キリスト教とローマ帝国の合致から生まれた皇帝教皇主義の思考パターンは、現代にいたるまでヨーロッパに生きつづけている。

こうした事情は、マリアのイメージにも変化をもたらすことになる。ローマ教会は、自らを正当化するため、またいっぽうでは世俗の支配階級である王侯貴族――たとえば、ローマが崩壊した頃、ディアナを崇拝していたフランク・メロヴィンガ族の王侯――をとりこむため、マリアのイメージを権力の座にある者の価値観念にあわせるように貴族化していった。極端な言い方をすれば、マリアはある意味で、貴族の支配階級や、教会の位階制度の存在を正当化するための格好の道具にされていったのである。彼女は、それだけ一般庶民の生活世界、信仰内容から距離のある位置に立たざるを得なくなった。前述のようにマリアは、キリスト教以前の古代の女神、あるいはキリスト教の宣教活動のさきざきで遭遇する異教の女神の権能を吸収し、五穀豊穣、病気治癒の女神として、あるいは苦しむ者に同情し、援助の手をさしのべ、キリストにとりなしをしてくれる救いの母として崇拝され、前章にその一端を紹介したように、各地に巡礼地が増えつづけていったのではあるが、一般庶民の女神信仰の対象としてのマリアのイメージには、しだいに限界ができてくるのである。

もっとも決定的なのは、マリアからは性が抜き去られていることであった。処女にして母親という、超現実的というか不自然というか、この無原罪神学の枠にマリアが閉じこめられたことであった。幼児イエスに授乳するマリア、産褥につくマリアがいくら絵画のモティーフになっても、マリアのイメージは、女性の夫婦生活、懐妊、出産、子宝といったものには本質的には一致しうるものでなかった。そう

ヌビアのアンナ像（部分）素描
8世紀のフレスコ画
（原画はワルシャワ美術館蔵）

いう領域にアンナが浸透してきた。アンナは妊婦の守護聖人としても人気を得るようになる。モルトマン＝ヴェンデルは、アンナのことを、精神化されるマリアに対して大地が唱えた異論である、という言い方をしている。

マリアは、四三一年に、エフェソ公会議で、「神の母」という称号を与えられたが、この「神の母」のそのまた母であるアンナの崇拝が、マリア崇拝と平行して、（あるいはひょっとして、深層心理的には拮抗して）十五世紀にとくに興隆するまで、どのように発展していったのかは、今後の詳細な調査研究を待たねばならないが、ビサンティン世界では早くからアンナ崇拝が生じていたようである。六世紀にはすでに、アンナに奉献された聖堂も建てられ、八世紀には七月二十六日に聖アンナの祝祭がおこなわれている。

話がいささかとぶが、アスワンダム建設に先だって、水中に没することになる広範な地域で、考古学的な発掘調査がおこなわれたことがあった。このとき古代エジプトの神殿の遺跡のみならず、キリスト教の記念物も少なからず発掘されたという。ワルシャワ大学のカジミール・キヒャロウスキー教授は一九六一年から三年間、研究仲間たちとナイル河からさほど遠くないヌビア砂漠の砂丘の発掘調査をおこなって、砂中に埋没していたキリスト教会を掘りあて、八世紀から十二世紀にかけての多数のフレスコ画を発見している。乾いた砂に閉じこめられていたせいで、彩色もおどろくほど良好な保存状態にあったという。壁からはずしとられたこれらフレスコ画は現在は、スーダンの博物館とワルシャワのポーランド国立博物館に折半して収蔵されているが、このなかに八世紀前半に描かれたビサンティン様式のつぶらな瞳をしたアンナ像がある。ギリシア語で「聖アンナ、神の生母の母」としるされていて、アンナにまちがいはない。

教皇の秘書をつとめたり、ベツレヘムに修道院を設立した教会博士のヒエロニュムス（三四〇／五〇～四一九）や、古代キリスト教最大の神学者といわれる有名なアウグスティヌス（三五四～四三〇）などは、アンナ崇拝をいかがわしいものとして排撃している。彼らの目にはアンナ崇拝は淫蕩なものに映ったのかもしれない。ちなみにヒエロニュムスの肉体敵視は現代の言葉でいえば病的であった。彼が自らの肉体をいじめぬく祈禱方法は、中世の修道院内に数多くみられる倒錯した性的喜悦の先例となっている。アウグスティヌスも性を原罪と不可分のものする思想を展開した神学者である。

このような聖人の弾劾にもかかわらず、アンナは崇拝者を集めていき、また「ヤコブ原福音書」の著者の創作に輪をかけたようなアンナ伝説を形成していった。十三世紀、ジェノヴァの司教ヤコブス・デ・ヴォラギネは、当時のベストセラー『黄金伝説』のなかで、そのアンナ伝説を次のようにまとめている。「アンナはしかし噂によると、つぎつぎに三人の男を夫にした。ヨアヒム、クレオファにサロモである。最初の夫ヨアヒムとの間に一女をもうけ、マリアと名づけた。このマリアが主の母となるのだが、アンナは娘をヨセフに妻として与え、マリアは懐妊して主キリストを産んだ。ヨアヒムの死後、アンナは、ヨセフの弟クレオファァを夫に迎え、彼とのあいだにまた娘をもうけ、彼女もマリアと名づけた。

この娘を彼女はアルフェオに妻として与え、マリアは四人の息子を産んだ。小ヤコブ、義人ヨセフ〔別名バルサバ〕、シモンにユダである。二度目の夫の死後、彼女はサロモという名の三番目の夫を迎え、彼にもまた娘をもうけてやり、これまたマリアと名づけ、ゼベダイに妻として与えた。この夫婦には二人の息子がめぐまれたが、大ヤコブと福音記者のヨハネがそれである」

イエスのまわりに現われる新約の人物をうまく親族にしてしまったこのからくりに隠れているのは、まぎれもなく多産肥沃の異教の大母神の再生である。これは「ヤコブ原福音書」の著者の思いもよらなかったアンナの正体である。あるいはひょっとすると、この匿名の著者も、じつはひそかに予感していたかもしれない。ヘブル語のハンナ（恩寵の意）のギリシア語音訳がアンナだというが、しかしマリアがもともと海を意味する女神の基本名マリから派生した名前のひとつであり、このマリの母ディ・アナ（アルテミス）に由来するアンナは、祖母神としてすでに東方世界に存在していたものである。ローマ神話ではアンナ・ペレンナ（永遠のアンナ）という名の長寿の女神に変形して現われているし、後述するように、ケルト神話ではアナ（アヌ）あるいはダナ（ダヌ）、ドンという女神が存在し、いずれも生殖、豊穣、肥沃の女神なのである。アイルランドには、自分たちの先祖は、女神ダナの民だという言い伝えがあるという。「ヤコブ原福音書」の著者も、こうした背景をじつは裏でふまえていたのだとすれば、彼はこっそりマリアに女神神話の母親を与えたのである。

アンナは三人の夫、三人の娘および孫たちとの「聖なる氏族」の中心として、やがて造形芸術にも表現されるようになるが、十四世紀、とくに十五世紀以降頻出する絵画、彫刻は「アンナ三体」と呼ばれ

アンナ三体像
フランクフルト聖母教会

レオナルド・ダ・ヴィンチ
《アンナと聖母子》
1508-10年頃
ルーヴル美術館蔵

ている。アンナが片腕にマリアを他方に幼児イエスをだいているか、アンナの膝にすわったマリアがさらにイエスを膝にだいているか、両側からアンナとマリアがイエスをだきあげている、といった構図である。有名なのがアンナとその膝に腰かけたマリアがシャム双生児のように見えるレオナルド・ダ・ヴィンチのアンナ三体（《アンナと聖母子》）である。

三　アンナの家系はケルト？

三という数字は日本でも古来特別な意味をもっていた。三月三日のひな祭りの三人官女の三にも神話的背景があるのだろう。しかしながら日本の歴史では、三はヨーロッパにおけるほどの神的な意味を帯びることはなかったように思う。三人よれば文殊の知恵ともいうが、女三人よれば姦しともいう。三人よれば公界というのも、水入らずではない三だし、歌舞伎の三人吉三などもろくなことにはならない。ところがヨーロッパ古代世界では、三は神聖な数なのであり、超自然的な力を有し、過去、現在、未来にいきわたる叡知を象徴するものと信じられていた。

キリスト教も三とか七という数字に神聖な意味を与えているが、キリスト教以前のヨーロッパの母権的宇宙は、天と地（海）と冥界の三層をなしていて、これらは女神の三相に支配されていた。天には女神の若い相が輝き、海陸には母性の相が生命を生み、維持し、冥界では老相が死をつかさどっていた（冥界の女神は、勢力を得てきた男神によって追い落とされた女神の姿だとする説もあるが、とにかくこの女性三相や三人の女神は、現代にいたるまで造形芸術において豊かな表現を得ており、ムンクなどは女性三相をくり返し描いている)。

ギリシアの女神ヘカテや、ローマのディアナも、三面頭神像が出土されているが、女神三相では誕生、盛年、死をつかさどるギリシアの運命の女神モイラが有名であり、この運命の女神は三世紀頃にはドナウ河沿岸地方からライン地方、ベルギーやフランスにも普及し、おそらくその過程においてケルト゠ゲルマン的なものと習合していったにちがいないが、一〇二四年に禁止令がだされるまで、一月六日をこの女神の祝日として祝う習慣がつづいていたのである。

乳児、おむつ、海綿をもつケルトの三マトローネ像

しかし女神三相を三面頭に表した形、あるいは三人の女神に具現化した三幅対のマトローネ崇拝の様式がもっとも顕著だったのがケルト世界である。だいたいケルトの神々はギリシア神話の神々のように秩序だっていないし、それぞれの役割分担も人間世界との境界もはっきりしておらず、いわば変幻自在であって一人の神が複数相を見せ、さまざまに変身する。ローマ・カトリック当局は、先住民族がその居住地域にのこしていったマトローネ崇拝を、一種の聖人崇拝という解釈のもとに最初は黙認していた。おそらく

民衆をキリスト教の三位一体思想へと導くまでの暫定的な処置だったのだろう。だが思わく通りにならないとわかると、これを禁止し排除する策にでた。こういう過程において、潜在化した異教的なマトローネ崇拝が、キリスト教的な枠内のアンナ三体像に姿をかえて息を吹きかえしたと見るのは、それほど不自然ではないだろう。

ところでケルト人というのはどういう古代民族で、どのような神話や女神をもっていたのであろうか。近頃ケルト研究も進み、日本でもいわゆるケルト・ブームの波にのって著書も多く出まわるようになっている。しかしケルトは「幻の民ケルト」などといったようなキャッチフレーズが想像させるような平和な幻の民ではない。ドイツのナチス政権やカンボジアのポル・ポト政権がのこした頭蓋骨や人骨の山を見て、身の毛がよだち、こんな非道なことが人類史にあってよいものだろうか、などと考えこんでしまう者もいるだろう。ところがケルト族もまた頭蓋骨の行列をのこしている。いうまでもなく二十世紀のイデオロギーの残虐性や倫理意識と古代人の宗教意識とのあいだには隔絶的な距離はあるのだが、それにしても得体の知れないケルト人を、単に懐古感情の対象にしてしまうのはいただけない話である。

ケルトは、青銅時代にはヨーロッパに定住していた人種の末裔で、この諸族の活動の最初が考古学的に確認されているのは西暦前十三世紀頃だが、ヨーロッパの歴史になまなましく登場し、戦いに明け暮れた首狩り騎馬民族である。金髪に金色の衣服、明るい縞模様のマント、乳のように白い首には首飾り、手にもつ刃が光り楯は自分の背丈ほどもある。そうウェルギリウス（前七〇〜一九）が描写しているように、金髪の筋骨たくましい北方白人種であった。ギリシア、ローマに侵入した諸族がギリシア文字、ラテン文字を借用した記号らしいものを碑文に刻んでいるわずかな例をのぞくと、不可解なことには文字に対する関心をまったくしめしていない。と同時に、統一国家を形成しようという意欲もまるでなかった。つねに諸部族に分かれて暮らし、共同で異民族に立ち向かうことはあっても、つねは部族間でしのぎをけずっていた。きわめて宗教的な民族というが、つまりそれだけ迷信的な種族だったということであろう。ケルト民族が書きのこしたものはない。彼らが最も膨張し、勢力の盛んだった紀元前五世紀にアイルランドまで達した部族の口承伝説の記録されたものや考古学的発見が、ケルト神話をうかがう資料になっているだけである。

アイルランド神話にしばしば登場するマッハ、バイヴ、モリガンという三人の女神がいる。馬に変身するマッハは、ケルト特有の馬女神の系譜にあり、マッハが馬女神であることは、英雄クー・フリンの白馬マッハの呼び名にも示唆されている。彼女は戦士であると同時に、予言者でもあり、豊穣をつかさどり、大地の運命とむすびついていた。人間の配偶者をもち、双子を身もごるが、夫が自分の女房は王の馬より速いなどと自慢したために、臨月の身で王の馬と競争せざるを得ないことになり、競争には勝ったものの、無理がたたって出産時に死んでしまう。死に際に、彼女は男たちに呪いをかけた。おかげで男は危機におちいると、出産する女のように苦しみ、心身衰弱することになった。こうなると英雄コナル・ケルナッハの髑骨に汲んだ乳を飲まないことには快癒しないという。ケルト人たちは、人間の頭蓋には魔力が秘められていると信じこんでいた。討ち取った敵の首をもち帰って自宅の入り口に釘づけにした。首が敵の首長のものだと、杉油づけにして保存し、客人に自慢したりするだけでなく、戦死した味方の兵士の首も保塁にならべたりしたものである。バイヴもまた戦の女神であると同時に破壊と死の神である。英雄クー・フリンの戦闘を助けもしたが、カラスに変身して瀕死のクー・フリンの肩にとまって死を予告している。モリガンもまた戦争狂の神、戦いと死の女神だが、「モリガンの乳房」という地名をアイルランドにのこしているように、豊穣をも象徴し、部族の神々とつぎつぎ性的に交わる淫乱な女神であった。英雄クー・フリンにも美しい娘に変身して言いよるが、むげにされて恨み、こんどは雌狼、赤い雌牛などに姿を変えて彼に襲いかかっている。

これら女神は、戦いに明け暮れ、男女間の性関係が開放的であったケルトの生活を色濃く反映しているが、マリアに関連して留意しなくてはならないのは、ケルトの女神が東方の女神とちがって処女性に無縁なことである。ケルトの女神たちはギリシア、ローマ起源の男神あるいはケルトの英雄などを一妻多夫的に配偶者にしている。アルテミスのような処女神もケルトに入ると、英雄の妻君になってしまうのである。ケルト人にとって重要な意味をもつのは夫婦神で、夫婦神が豊穣や大地の収穫、家内繁栄、健康、病の治癒などをつかさどっていた。アイルランドの女神たちは国土、大地の擬人化されたものであり、代々の王は、領土の支配権を得るには、女神との婚姻の儀式をとりおこなわなければならなかった。なかでも女神エーリュウはアイルランドの名祖女神と呼ばれ、彼女と結婚しないかぎり、アイルランドの国土を治めることはできなかったのである。

多神教の例にもれず、ケルトの神々も自然と強くむすびついていた。ケルト人たちが特に泉、河川、湖沼に霊性を感じ、畏敬の念をいだき、また水の治癒力を信じていたことは前章で言及したが、オークなどの樹木にも霊を感じ、戦車の車輪に太陽を象徴させるなど、太陽を非常に崇拝してもいた。馬で戦場をかけめぐるのを得意とした騎馬民族ではあったが、生計を支えるものは農業であったから、つねに五穀豊穣を願っていた。地母神が大切なことも、多神教の他民族とかわりなかったが、前述のように、ケルトの母神は三人一組で表現されることが多く、それぞれ乳児、果物、パンなどを膝にのせている。乳児といっても、イシスの場合のように特別な意味はなく、すべて多産、豊穣の象徴であった。ドイツで発掘された地母神には乳児より果物をのせたもののほうが多い。ボンで出土された白い粘土の焼き物の地母神は、若い女神をはさんで、年配の女神たちが膝に果物をのせ、まるい頭飾りをつけている。頭飾りはライン地方の地母神の特徴だというが、頭飾りというより頭巾に見え、これをとると男根像が現われるものもあるという。女の頭巾をとると男根だというのは、今日なら抑圧されている衝動の自己表現か否かといった議論にもなりそうだが、いずれにせよケルトの女神はつねに性的なものを強く示唆している。

霊的なものの感じられる自然に、ケルト人たちは女性原理、母性原理を見いだしていたのだろう。彼らほどいたるところで母神祭祀をおこなっていた民族はない。マインツからクサンテンにいたるライン河流域には、ボンを中心にケルトの母神祭祀の遺跡が数多く発見されている。

この女性原理、母性原理というものを近代的な観念から、やさしいもの、平和なものと勘ちがいしてはならない。大母神は生命をはぐくみ愛する神であると同時に、獰猛な戦いの神でもあり、殺戮し生命を奪う破壊の神でもあり、絶対の服従をもとめる運命の神でもあった。ケルト大母神は、部族によってさまざまな名称をもち、また変幻自在で、ブルターニュ地方ではアナ（アヌ）、アイルランド地方ではダナ（ダヌ）、ウェールズ地方ではドンと呼ばれていた。言語的にドン河やドナウ河がドンと類縁関係にあることも指摘されている。

この女神が地名にのこっている最も有名な例が、最初に紹介したサンタンヌ・ドゥ・オーレイである。ここの大聖堂を建立させたのは、ルイ十三世の王妃アンナであるという。彼女は同名の聖アンナを守護聖女ときめ、世継の王子の出産を願かけしていた。願い通り王子が一六三八年に誕生、これを祝って彼女はサンタン・ドーレイに新たに大聖堂を建立させた。といってもそれまで何もない辺鄙なところに教会を建てさせたのではない。ブルターニュ地方は聖アンナ信仰が盛んで、当時すでにいくつものアンナ聖堂が存在したようだ。だからアンナを崇拝する住民たちが王妃のために、大いに祈ってもくれたのである。

じつはこの王子の誕生の十四年前の一六二四年、このケランナ（アナの町）の農夫イヴォン・ニコラヴィッチに聖アンナが出現している。そうしてここに昔あった礼拝堂を再建せよと命じたという。ケランナは八世紀には古い礼拝堂がすでに廃墟化しているような土地柄であった。ニコラヴィッチは司祭のところへ走った。しかし相手にされなかった。ところが翌年、彼はふたたび不思議な光にみちびかれ、畑のある場所で女神の木像を掘りあてたのである。それが聖アンナ像だったのか、ガロ＝ロマン時代のケルトの女神アナ像なのか、断定はできないというが、女神アナとは、ケルトの神々の生母ダナの別名である。ケルトの男神たちは、すべて「女神ダナの息子たち」なのである。豊穣の大地母神ダナは、アルモリヤ地方（現ブルターニュ）では、アナの名のもとに熱烈に信仰されていたが、この母神も三幅対の豊穣の女神として表現されるのが普通で、まんなかの女神が乳飲み子をだき、左右の女神は一方が果物籠、他方が山羊の角など、いずれも豊穣の象徴を所持している

キリスト教に改宗させられても、ケルト人たちは神々の母アナの信仰をすてることはなかっただろう。改宗とともに潜在化したものが、ふたたびマリアの母親という形で、地下水が噴きだすように溢れだしてもおかしくはない。ブルターニュ地方は聖アンナ礼拝堂の建設が早かったというが、聖アンナ巡礼地はもちろんブルターニュだけではない。ドイツ各地にも少なくなく、ヴェストファーレン州ハルテルン郊外のアンナベルクのように、やはりその名を地名にのこしているものもある。

アンナ三体は、同じ女神の三相ではない。母、娘、孫の三世代を同時に呈示する形に変化しているものが圧倒的に多いが、多数の子どもをかかえていたり、なかには三人の夫を背後に、娘、娘婿や孫を前面に配して大家族の中心として描きだされているものもある。いずれも多産、豊穣、みたされた夫婦、活気ある家庭生活、一族の繁栄を象徴するものとして敬愛され、崇拝された。アンナは中世後期の市民的家族感情、親族の連帯意識に相応するものだった。娘や孫をだいている聖アンナは、とくに町人たちの崇拝の対象になった。中世後期、家族というものを社会生活の重要な基盤とみなす意識の大きくなっていったことも、現世的な聖アンナ三体を尊重する原動力になったという解釈もある。アンナは、マリアや他の聖人たちとはちがって脱俗を勧めることはなかった。むしろ逆に結婚し所帯をもち、子どもを産み育て（十三世紀以降、娘マリアに「詩篇」を利用して読み書きを教えるアンナも現われるようになる）、世

▶リーメンシュナイダー
アンナ三体像　1500年頃

▼《聖母子とアンナ》
1500年頃、板絵
フランクフルト聖母教会

◀アンナ三体（祭壇画部分）
1525年、ベルリン、ダーレム美術館蔵

◀アンナ三体像
アウクスブルク、司教座
大聖堂

俗世界の生活の営みにいそしむことこそが救済への道であると教え、崇拝者たちに平和な死を保証する聖人であった。ちょうど「南無阿弥陀仏」という念仏と同じような調子で、「助けたまえ、アンナ三体」と唱えるのがドイツでは流行したという。

聖アンナ像はケルトの地母神のようにたいてい頭巾をかぶっている。そして中世末期のものは、マリアとイエスを幼い娘と息子のように、いっしょに膝にだいているタイプが多いが、幼児イエスをだいているマリアをそのまま片腕にだいて立っている像もある。いずれにせよ主役は完全にアンナである。この主役以上に奇異なのが、ビーベラッハの市教区教会長堂北壁に設置されている三体像である。一五一五年頃にツァインスラーの制作したものというが、巨大なアンナがイエスを左膝にのせ、右手で祝福を与えるようにひらき、傲然と腰をおろしているのを、右下方から小人のようなマリアが見あげていているのである。アウグスティヌスやヒエロニュムスが見れば、仰天したにちがいない構図だが、これもまたドイツにおける聖アンナ信仰の強さを反映したものであろう。

この家族感覚はまた職人組合の絆としても重要視されたようである。アンナ崇拝全盛の十五世紀には、各地にアンナ信心会が結成され、教会にアンナ祭壇が奉献され、奉献する共同体は商人に加え職人や鉱山労働者などの会が多かった。アウクスブルクの司教座大聖堂の第二礼拝堂は、「パン屋と粉屋の友好礼拝堂」と呼ばれている。この礼拝堂の観音開きの祭壇に安置されているのは、並んで腰掛けているマリアとアンナが二人で幼児イエスの背中と足を支えもっている三体像である。アンナ、マリアが一緒にイエスを支えている系統のものは（ダ・ヴィンチの絵画もこの系統のものといってよいが）、バイエルン州だけではなく、フライブルクのアウグスティン博物館に収蔵されているこの地方の聖アンナ三体像のうちにもみとめられる。

アンナはまた船乗りなどの守護聖人でもあった。おそらく水との関係だろう。聖アンナ巡礼地には「アンナ水」という湧き水が、さまざまな病気治癒に効力があるとしてありがたがられていた。巡礼地と水の関係はマリアの場合も似ているが、アンナがよりケルト的なものと近親関係にあるとすれば、「アンナ水」信仰は当然なことかもしれない。

一五八四年、教皇グレゴリウス十三世は教会典礼暦に、マリアの母アンナの礼拝も組みこまざるをえなくなった。教会政策というものは、じつに巧妙なもので、最初受け身であったものも、いったん受け入れるとこんどはキリスト教神学の解釈のもとに、これを逆手にとって攻勢に転じる。神母の母の祝日をさだめて聖アンナ礼拝を義務化し、女性の生活圏、行動範囲を家庭内の私的な世界に制限することに寄与させようとしたものであった。こうした政策がどようのな作用をおよぼしたかは、なお調査すべき問題である。宗教改革者たちはアンナ崇拝を、マリア崇拝以上の錯誤だとして、これの排斥につとめたものであった。しかしこれでアンナ崇拝が終焉してしまったわけではない。現代のアンナ信仰の実体も調査していないので断定はできないが、前述のアウクスブルクの司教座大聖堂内にあるアンナ三体像のもとには、聞くところによれば、アウクスブルクの製パン業者や製粉業者が今日でもなお聖アンナ祝日の七月二十六日に集まって祝日ミサに参列するそうである。

第七章

黒マリア崇拝の謎

▶アルトエッティングの黒マリア像
（バロック風の衣裳をはずした状態）

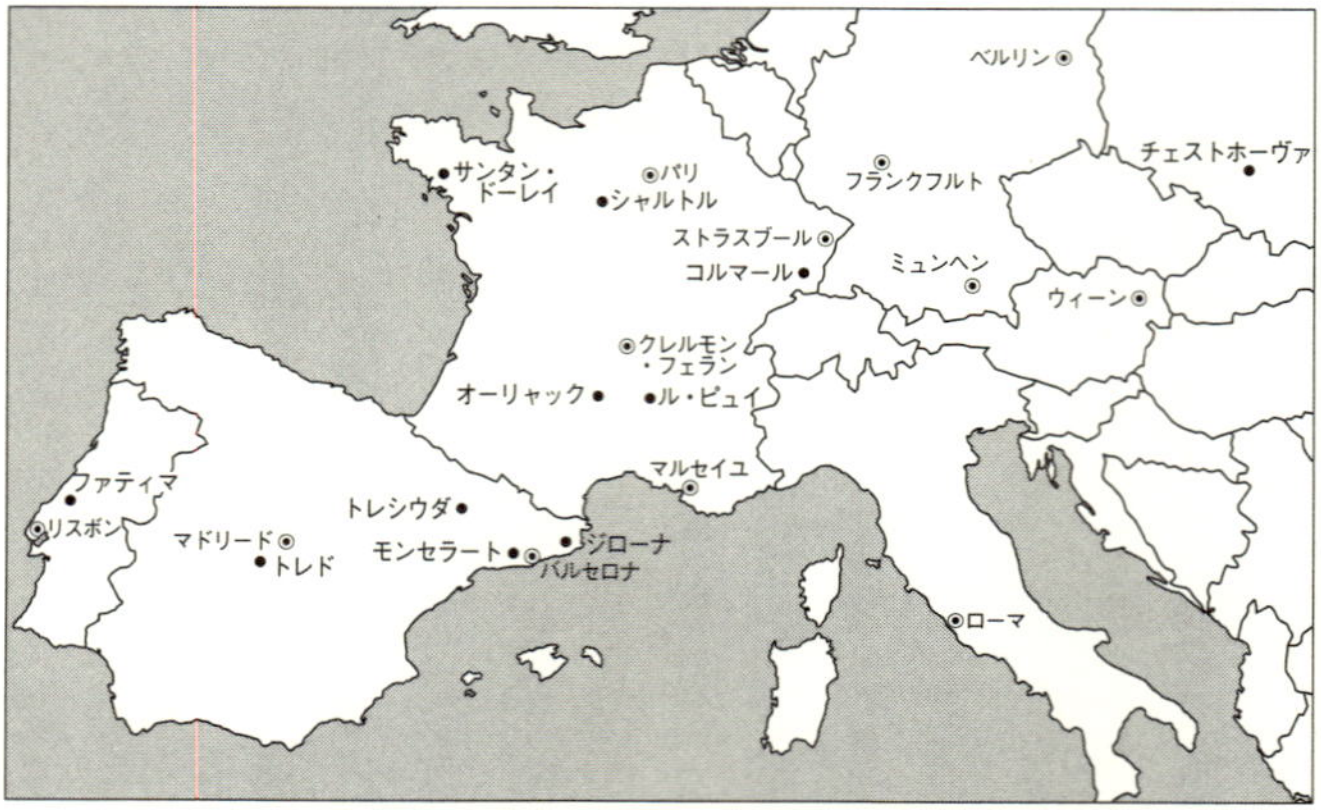
ベルリン
チェストホーヴァ
サンタン・
ドーレイ
パリ
シャルトル
フランクフルト
ストラスブール
コルマール
ミュンヘン
ウィーン
クレルモン
・フェラン
オーリャック
ル・ピュイ
マルセイユ
ファティマ
トレシウダ
リスボン
マドリード
トレド
モンセラート
ジローナ
バルセロナ
ローマ

ハンブルク
ドイツ
ベルリン
ミュンスター
ハルテルン
ヴェルル
エルベ河
ケルン
ヴァイマール
アーヘン
ライン河
フランクフルト
マイン河
マインツ
ヴュルツブルク
シュヴェービッシュ・
ゲミュント
ストラスブール
パッサウ
ドナウ河
アウクスブルク
コルマール
ミュンヘン
アルトエッティング
メールスブルク
リンダウ
イン河
オーストリア
アインズィーデルン
ベルン
スイス
ブリクセン
(ブレサノーネ)
クラーゲンフルト

【第七章関連地図】

はじめに

先に名をあげたアルトエッティングやモンセラート、ル・ピュイのように、マリア像のなかには黒いマリアが少なくない。宗教改革期には聖画像破壊運動の槍玉にいちはやくあげられ、ついで啓蒙主義やフランス革命などの犠牲にもなって、かなり消失してしまったにもかかわらず、コピーによる復元もあって、現在なお各地に黒いマリア、黒い処女、黒いマドンナを見ることができる。ただこういう種類もあったというのではない。黒マリアはことさら崇拝者を集めてきたのである。現代史的にも有名なのがポーランドのチェストホーヴァの黒いマリアのイコンだろう。今世紀のポーランドの悲劇をくり返し映画にしているアンジェイ・ワイダが一九九二年に制作した『鷲の指輪』のなかで、反ソ危険分子とみなされたポーランド人たちが昨日のユダヤ人同様に貨車につめこまれながら、「聖母マリアよ、神聖なマリアよ、われらに慈悲を与えたまえ」という中世期の古い歌を合唱するシーンがあるが、この聖母は、チェストホーヴァの黒いイコンのことである。ポー

チェストホーヴァの
黒い聖母のイコン（部分）

ランドへ移住してきた隠修士たちのための修道院のものだったというこのマリア像は、今世紀に入っても、ナチズムや共産主義に抵抗するポーランド人たちの心をささえつづけた。いわばポーランドの守護聖女である。

これらのマリアがなぜ黒いのだろうか？　ナザレの住人のマリアは金髪、色白ではなかっただろう。黒髪で、肌もひょっとすると浅黒かったかもしれない。しかし黒人ではなかった。にもかかわらず黒いマリアが存在し、崇拝されてきたのはなぜなのだろうか？　といっても、多様な例を一括して明快な答をもとめるのは無謀かもしれない。ポーランドのマリアとメキシコのグァダルーペのマリアとは、おそらく同じ理由から黒いのではないだろうし、フランスのマリアの姿形と黒い肌との関係は、ドイツの黒マリアにはあてはまらない。にもかかわらず、なぜ黒いのだろうか、と問わずにいられないのは、これら黒いマリアがことさらに各地で崇拝されていたという共通した事実は、黒い色にむすびつくとしか考えられないからである。

一　黒いのは煤のせい？

ドイツ、バイエルン州のアルトエッティングの六角形の「恵みの御堂」に安置されている十三世紀の聖母子像は、前述のように母子ともに黒い（第五章・二〇九ページ、及び本章扉の図版を参照）。ところがこの木彫像は、もともとは黒くはなく、現在黒いのは、信者たちの奉納する蠟燭の火から出た煤のためだという。蠟燭を奉献する参拝者、巡礼者がひきもきらないために黒変してしまったというのは、一応合理的な説明のように聞こえる。

オットー大帝が神聖ローマ帝国の直轄地にしていたスイスの巡礼地アインズィーデルンのマリア像も、やはり蠟燭の煤やランプの油煙のせいで黒くなってしまったと説明されている。一七九八年、町を占拠したフランス軍に掠奪されるのを怖れ、信者たちはこのマリア像を梱包してかくした。あわてたのだろう、その際、像をいささか損傷してしまった。フランス軍撤退後、損傷した像を修復することになったが、この修復作業に従事した画家の供述により、このマリア像はもともとは黒くなかったのがわかった。表面を覆っている皮膜状の汚れの剥げ落ちた顔面部分には、もとの肌色がのぞいていたと、画家が供述したのである。

アインズィーデルンの黒マリア像　1440年

長い年月のうちに煤などで木質が黒ずんだり、彩色がはげ落ちてしまったというのはありうることである。仏像にもこの例は少なくない。薬師寺の薬師如来や月光菩薩、日光菩薩は黒光りして美しいが、これら鋳銅像は八世紀初頭の制作当時には鍍金されて金ぴかであった。またクスノキで制作された中宮寺の菩薩半跏像も現在は黒いが、七世紀後半の制作時の彩色がはげ落ちてしまったせいである。こういう例は探せば数多いにちがいない。藤原時代初期の彩色像だった安倍寺の大

マインツ大聖堂の黒マリア像

日如来座像は、蓮の台座や衣紋の裾などにはもと金色だった名ごりが認められるが、顔などはすっかり黒い。この如来像のはげ具合によく似た例がミュンヘンの「聖母記念柱のバヴァリアの守護神」という肩書きをもつマリア像である。マリアのふみつけている三日月や彼女の長衣の襞、左腕にだく幼児イエスの身体などは、まだ金色に光っているが、彼女の顔はひどく黒ずんでいる。ひょっとすると第二次大戦の戦火のせいかもしれない。空襲で全焼、全壊しなくても、猛煙につつまれ煤だらけになってしまったという例はドイツには少なくないだろう。火災は昔もあった。教会や寺院が火の犠牲になった事件は歴史にめずらしくはない。しかしヨーロッパ十六、七世紀の教会火災説にはうさん臭いものがある。さきほどのアルトエッティングの聖母像には、じつは蠟燭の煤説以外の言い伝えもあって、九〇七年、ここに攻めこんできたハンガリー軍に火を放たれ、教会は丸焼けになったが、聖母像だけは消失せず、黒い焦げ色がついただけであった、まことに奇跡である、というのである。ハンガリー軍の侵入は史実だろう。教会が燃えたというのも嘘ではないかもしれない。しかし一三三〇年に制作されているマリア像が十世紀初頭に焦げたとふれこむのは、人を食った話である。珍妙な奇跡話である。十六、七世紀は、擬似科学のさかんな世紀であった。魔女裁判にも関連しているのだが、擬似科学的な思考や感受性は、非科学的なものよりはるかに始末が悪い。

長年の油煙や煤、教会火災のせいか、彩色がはげ落ちて黒檀の素地が現われ、しかもそれがさらに黒ずんだせいか、彩色絵の具に使用された辰砂や鉛丹などが科学変化を起こしたためか、とにかくこういった理由により、いまは黒変している、というマリア像が存在することは否定できない。しかしこの事情は一部に通用するだけで、すべての説明にはならない。マインツやケルンの教会の黒マリアのように、あきらかに最初から黒く塗られているものにはいまあげた理由は適用できないし、「削り聖母」と称する黒い陶土製の人形まで出現されるにいたった黒マリア崇拝の宗教的意味を説明するには、とても不十分である。「削り聖母」を病人が購入し、ありがたい黒土を削って、水にまぜると効能があるという治癒迷信は十九世紀まで生きていたが、これなどは、黒変という偶然では説明のつかない民間信仰である。こういう信仰が黒マリア崇拝にふくまれているとすれば、黒い色に謎が秘められているにちがいない。さきほどの黒変したというアインズィーデルンの聖母子立像は、一七九九年に汚れが洗い落とされ、衣服などにあらたに彩色がほどこされた。その際マリアの顔や手、幼児イエスはわざわざまた黒く塗りなおされている。意図は何だったのであろう?

二　黒は神学的に正当化できるか?

黒はヨーロッパの歴史ではきわめて否定的な色である。不吉な色、醜悪、邪悪、恐怖の色であった。

ドイツ詩に現われる黒の比喩も、二十世紀にいたるまで否定的なものが圧倒的である。「早朝の黒いミルクを私たちは晩に飲む」という詩行ではじまるツェランの有名な『死のフーガ』などよい例である。

ヨーロッパ世界では黒は闇、悲惨、苦難、死を意味するものであった。悪魔は黒い人間の姿をしていると信じられていた。最初にアフリカに進出していったポルトガル人、スペイン人たちがアフリカ黒人を奴隷売買して罪悪感をいだくことがなかったのもこのせいである。ユダヤ＝キリスト教的ヨーロッパ人種は、自らの言行の正当性を徹底的に論拠づけようとするが、その思考は好んで聖書にいきつき、そこで停止するのみならず、聖書を象徴的、類型的に解釈すると称して我田引水する神学的伝統をみがいてきたものである。アフリカ黒人に対する差別、非道な行為も、彼らをハムの末裔だと定義することによって正当化してしまった。聖書に書いてあるではないか、という論法である。たしかに次のような記述はある。少し長いが引用してみよう。

方舟から出てきたノアの息子たちというのはセム、ハム、ヤフェトである。ハムはカナンの父である。この三人がノアの息子たちであり、彼らが地上の諸民族の祖先である。ノアは最初の農夫となり葡萄を栽培した。彼は葡萄酒を飲んで酔っぱらい、全裸になって天幕のなかにねそべっていた。カナンの父ハムは自分の父親の裸身を目撃し、天幕の外にいる兄弟に告げた。するとセムとヤフェトは外套をとって肩にかけ、うしろ向きになって近づいていき、父親の裸身を覆った。顔をそむけていたので父親の裸は見なかった。酔いからさめたノアは次男の行為を聞くと、「呪わしいやつ、カナンめ、おまえは自分の兄弟の最も卑しい奴隷となれ」と怒り、さらにつづけて「セムの主、セムの神を讃えよ。だがカナンは彼の奴隷となれ。ヤフェトには神が場所を与えんことを。セムの天幕に住むがよい。だがカナンは彼の奴隷となれ」(創九・一八〜二七)

ひどい話である。だいたい酒を飲んで泥酔し、すっぱだかになって眠りこむのも品の悪い所業である。それを子どもに見られたからといって激怒するくらいなら、少しはつつしめばよさそうなもので、ノアは典型的な家父長的暴君である。とにかく彼は次男の行為に激怒した。しかしその台詞が奇妙である。「呪わしいやつ、ハムめ」ではなく「カナンめ」である。息子のハムではなく孫のカナンを呪っている。思うにノアは、次男のハムが自分の気にくわぬ女との間にもうけた孫をつねづね目の仇にしていたにちがいない。カナン人とは、旧パレスティナからシリアにかけて定住していた農耕部族である。彼らの住むこの地方へ旧約の民が、神の約束の地だとばかりおしかけてきた。しかもカナン文化に自分たちがそまるのを怖れ、予言者たちはカナン人を激しく罵倒したものであった。セムに都合のよいこのノアの話は、イスラエルの民の神話だからしかたないにしても、アフリカ人が奴隷になるのは、このハムの末裔だからという理屈は理不尽である。ノアが呪ったカナン人は黒人ではないことはいうにおよばず、アフリカ諸民族がハムの末裔になるいわれなどどこにもないのである。ユダヤ=キリスト教的思考は、文明系の多様性を認めようとしない人種差別的宗教思想を根底にしているのである。

黒い色にもどると、日本では、「この目の黒いうちは……」などと命の比喩表現にもなっているが、ドイツ語や英語には「黒い魂」、「黒い日」など否定的比喩は枚挙にいとまがない。これほど悪い意味をもつようになった黒は、キリスト教以前にまでさかのぼるのだろうか。といっても詳しい調査を試みたことはないのだが、ドイツ語のシュヴァルツにかぎっていえば、語源的には色彩を指示するものではなく、光の不在を意味する語であった。つまり暗いのである。固有名詞になっているシュヴァルツヴァルト（黒い森）も深く暗い森の意味であった。光の不在はしかし、当然ながら影、暗がり、夜、闇を意味するわけで恐ろしい。夜がロマンティックになるのはずっと後代である。古代人にとって夜は百鬼夜行の世界であり、冥界に直接つながるものであった。恐怖の対象は忌避されると同時に畏敬もされる。畏敬し、犠牲をささげ、魔的なものから守られるよう、あるいは魔的なものが逆に肯定的にわが身に作用するよう古代人たちは念じただろう。黒色は、視覚的にこれを象徴する色であった。とすれば黒い色は魔的な色でもあったはずである。ひょっとしてキリスト教が「正義の太陽」キリストに反する夜の世界を悪魔に帰することにより、この黒の意味の価値をおとしめてしまったのではないだろうか。

とすれば、黒いマリア崇拝の現実は、中世神学にとってまことに厄介な問題であったにちがいない。煤で黒くなった、だけではすまされない。何としてもこの黒い存在を、神学的に肯定できる論拠を見いだし、納得のいく理由づけをしなくてはならない。当然ながら聖書に根拠がもとめられた。まずは旧約の「雅歌」である。

エルサレムの娘たちよ

黒くても　わたしは美人です
ケダルの天幕のように
ソロモンの幕屋のように
日焼けしているからといって
なにもじろじろ見ないでください
兄弟たちがわたしにつらくあたり
わたしは葡萄畑の番をさせられていたのです
自分の葡萄畑の世話もできずに（雅一・五〜六）

「天幕のように」、「幕屋のように」という比喩は、当時の遊牧民が黒山羊の毛で天幕を編んでいたからである。それはともかく、この「雅歌」はソロモン王と乙女シュラムの相聞歌であった。ところが前述の類型的解釈、予型論的解釈とかで、中世の聖書釈義家たちは、このシュラムはマリアの予型だというのである。そして恋の相手は新約の神だという。聖書はつねに予型論的に読むべきだと彼らは主張したものであった。話がそれるが、この予型論のおかげで、こんな珍妙な議論まで戦わされている。キリストは全裸で十字架にかけられたか否かという議論である。アダムは堕罪以前には全裸であった。無垢なノアもまた全裸になった。だから罪なきイエス・キリストは全裸でないはずがなかろう、というのである。こういう珍妙な論理は中世期にとどまらない。近代観念論哲学のディスクールにも命脈をたもっているのである。

「雅歌」を引きあいにだして、黒マリアを説明しようとするのは強引である。シュラムはもともと黒い肌の娘ではない。野良仕事のために日焼けしただけだ、と本人がはっきり言っている。古代アラブでは、野良仕事で日焼けするのは奴隷や身分の低い女とされていたから、シュラムは色白な肌の「エルサレムの娘たち」に対抗意識をもやしながら、いま引用したような歌を歌ったわけだが、中世神学は、このところも我田引水して、マリアも貧しい家の出であり、野良仕事をしなければならなかった。だがその「身分の低いはした女」（ルカ一・四八）に神は目をとめ、選ばれたのであると釈義した。大工の子沢山な女房マリアはたしかに働き者で、日焼けもしただろう。では黒い母がだく幼児イエスも黒いのはどういうわけだろう。赤子をおぶって野良仕事に出かけたとでも解釈すべきであろうか。釈義家たちは、ここでまた聖書を象徴的に理解すべきだと主張する。野良仕事は地上の苦労の象徴だというのである。マリアは地上の苦労、苦難のために黒くなった。神の花嫁に選ばれた彼女は受胎の瞬間から、神の子としてわが子の受難の運命を身に引き受けて黒くなり、被昇天とともに、もとの輝く白い色にもどったというのである。このように、黒にはあくまで否定的な意味をのこしたまま、黒マリアの存在を神学的に正当化する試みがなされ、この神学的正当化を応援するような黒い像も制作された。十四世紀末、ヴェンツェル王の委託により制作されたボヘミアの黒い聖母子像などがこの例である。プラハの国立美術館に収められているが、釈義通りにマリアの光輪に、「ニグラ・スム・セド・フォルモサ〔わたしは黒い、でも美しい〕」とラテン語で書きこまれている。

しかし理屈というものはすぎるとぼろがでる。黒いマリアがこう釈義されたようなありがたい意味をもっているとすれば、では地上で幼児イエスをだいている時点で金色にかがやいていたり、顔も衣も乳白色のマリア、「白い処女」はどういうことになるのであろう。たとえばスペインのトレド大聖堂のマリア像は、何が原因か黒ずんでいて、黒いマドンナで十分通用しそうな肌色に見えるのに、「白い処女」とはっきり銘打ってある。これなど「雅歌」のマリア論的解釈の反証のようなマリア像であるが、だいたい数からいえば明るい肌の聖母子像のほうが黒いマリアより圧倒的に多いのである。そこで苦しまぎれに、マリアのさまざまな相が表現されているのであろう、などといえば、やぶへびになる。さまざまな相をもつのは古代女神の特性だったからである。

トレド大聖堂の〈白い処女〉

三　聖書に由来の手がかりが存在するだろうか？

プラハの美術館のボヘミアの黒いマリアのように、「雅歌」の釈義にあわせて制作された例は別として、黒いマリアが聖母信仰に大きな役割をはたしてきた歴史的現実には、「雅歌」にもとづく釈義には手に負えない何らかの背景があったにちがいない。この背景がしかしなお、キリスト教の伝統内にあるとすれば、黒いマリア像の原型があるはずである。というのも中世の芸術家（職人）たちは、近現代の芸術家のように自分の趣味や発想にもとづいて自由にマリア像を創作するということはなかったからである。古い写本画家の手本などにもとづいて、多少の変化をさせ、時代の流行にしたがうことはあっても、大筋は伝承されたものを守ったのである。図像学の研究の進んだ今日では、中世期のキリスト教芸術のうちにシリア型、ヘレニズム型、ビザンティン型などと読みわけることができるというが、聖母像の本家を主張するビザンティンのイコン像には黒いものが見られる。前述のチェストホーヴァのイコンなど、この系譜のものかもしれない。イコン表現は、西方の聖母表現よりさらにきびしく教会の教義と聖書の記録との合致が要請されていた。じっさいの表現にあたっては、グレコ＝ローマンさらにはオリエントの神話モティーフが取りいれられていたとしても、逐一聖書的な意味づけがなされて、画家の好みによる装飾などというものはなかった。イコンはただ眺めるだけではなく、読まなくてはならないという。であるとすれば、聖母を黒くすることにもはっきり意味があったはずである。しかし残念ながら、聖母（ギリシア正教の用語では生神女）の黒い色が何を象徴するのか、教えてくれるイコン解説書にお目にかかったことがない。

そうなると、このイコンの源流をさらに問わねばならないことになるが、聖母像の本源は、福音記者ルカが写生したマリアと幼児イエスの絵である、という説がある。この説は相当の説得力というか伝説力があったようで、近世の画家たちが、聖母子を写生するルカをモティーフにしているのは別にしても、ルカが描いたのだという偽作がまことしやかにもてはやされた。ボヘミア地方のブリュンにある板絵（十二世紀）などもルカ自身の手になるものであるというふれこみがなされていた。ミラノの司教エウストルギオスがビザンティンで入手したのを、一一六二年ボヘミア王のウラジスラフ二世がミラノから国にもち帰り、その約二百年後、カール四世がそれをメーレンの辺境伯である弟のヨハン・ハインリヒに贈り、辺境伯はこれをさらにブリュンのアウグスティノ隠修士修道院に寄贈した、という能書きがついていて、おかげで何枚もコピーが制作され、オーストリア、ドイツ、ポーランド諸国に運ばれたものであった。信じがたい話だが、メキシコのグァダルーペのマリア像もルカの手になるものだという伝説をもっている。それが長らく行方不明になっていたものを、十四世紀に農夫が発見したというのである。

ルカがマリアと幼児イエスを黒く描出したなどと、だれが言いだしたのか知らないが、どのような写生であろうと年代からいっても不可能な話である。ルカが幼児イエスに出会えるはずがない。いやルカは想像して描いたのだ、あれほどの文才の持ち主だったから想像力も豊かであった、と弁護しても詭弁にしかならない。ユダヤ＝キリスト教の伝統のうちに、聖画像の根源をもとめてさかのぼること自体、矛盾した行為かもしれない。ヤハウェは「いかなる像をつくってはならない」（出二〇・四）と厳命している。旧約を熟知していた福音記者ルカがこれを承知していなかったはずはないのである。

黒いマリアの根拠になる聖書内の手がかりとして、「雅歌」と同じくらい引きあいにだされるのが、すでに前章で紹介したシバ（サバ）の女王（王上一〇、代下九参照）である。聖書は、彼女の色が黒いとは一言も書いていないが、前述のように、肌の黒いエチオピアの女王ということにされた。しかしソロモンの時代、エチオピアからエジプト王国をさしおいて、紅海をわたりソロモン王の英知をためしにやってくるなど、とても想像できない話である。旧約に記述されているシバの女王の訪問が史実だとすれば、彼女の国は、おそらくソロモンの支配下にないアラビア半島の南とするのが自然であろう。イエーメンの辺りには古代にはフェニキアの豊穣、性愛、多産の月の女神イシュタルを祀る神殿跡があったという。シバの女王はユダヤ教徒でなかったにもかかわらず、どういうわけか、ヤハウェの機嫌をそこねていない。旧約に肯定的に記述されている。だからオリゲネスは彼女を異邦人の教会の代表者とさだめることもできたのだろうが、ついでに彼女の故国をエチオピアにすることで、肌の色も黒くしてしまった。おそらくオリゲネスは黒いイシス女神像が視野にあって、イシス信心をキリスト教内に吸収するには、黒いイシス像崇拝をマリア像崇拝に誘導する神学的政策が必要であったのだろう。ところでキリスト教はいつ頃エチオピアまで進出したのであろうか。「使徒行伝」にエチオピア人が登場する。使徒フィリポが宣教のためにエルサレムからガザへと南下したおりに、エチオピア女王カンダケの宦官に出会う。この男はエルサレム神殿詣での帰りだといって、馬車のなかで「イザヤ書」を読んでいた。宦官がユダヤ教徒だということは、この頃すでにユダヤ教はエチオピアにまで浸透していたらしいが、この男にフィリポは、イザヤの予言から説き起こしてイエスの福音を語り、洗礼をほどすことに成功したという（使八参照）。洗礼を受けて改宗したこの宦官がエチオピアで最初のキリスト信者になったかどうかは不明だが、十三世紀には、王朝の元祖メレレクはシバの女王とソロモンの息子であるという説がエチオピアに定着していた。そうして二十世紀後半に王制が廃止されるまで、代々の皇帝はソロモンの末裔だと称していた。しかしエチオピアの国家神話を中世のヨーロッパ世界にそのまま普遍妥当化させるのは無理だと思う。

シバの女王は旧約のなかで、唯一否定的に扱われていない異教の女性（後にはキリスト教化されたとしても）だったが、彼女以外はつねに駆逐されねばならない者としてしか旧約に名をとどめていない。いままでは「天の女王」といえばマリアの代名詞だが、旧約の「天の女王」はヤハウェを憤慨させた存在である。ヤハウェはあるとき、エレミヤに、ユダヤ人たちのために嘆いて自分を煩わすなと、文句をつけた。ユダヤ人たちが、「天の女王に捧げる菓子を焼くために粉をねり、多くの神々に葡萄酒を捧げている」（エレ七・一八）のが腹にすえかねるというのであった。エレミヤはそこでエジプトに住むユダヤ人たちに警告を発する。ところが彼らは反論して、「天の女王に香を焚き、葡萄酒を捧げなくなって以来、私たちはすべてに欠乏し、剣と飢饉に死ぬばかりである」（エレ四四・一九）。ヘルダー版新エルサレム聖書には、この「天の女王」とは、女神イシュタルのことだという注がついているが、エジプトならイシュタルではなくイシスではないだろうか。それはさておき、ヤハウェはこうした異教の女神をすてない民に怒りの剣を振りおろしたものであった。余談になるが、旧約に記述されているこの光景がキリスト教のなかで再現されているのである。マリアが「天の女王」と崇められ、その像のもとに穀物、パン、果物、花などが飾られる光景は、現代でも南ドイツやフランスの教会にみとめられる。様相は似ていても、中身の意味がちがうと、神学者たちは主張するだろうが、庶民のマリア信心は必ずしも神学の思わく通りではないだろう。もっともこれは特に黒マリアと関係する話ではない。

ヤハウェは嫉妬深く、よく怒る神である。怒ると恐ろしい。自分の民でも滅ぼし、その国土を廃墟にしてしまう。イザヤが予告したエドムの審判もこの例である。「惨殺された者たちは投げすてられ／屍体からは悪臭がたちのぼり／山々にその血がしたたり、丘は溶けて崩れる」（イザ三四・三）というから陰惨である。しかしこの章をよく読むと、奇妙なことに気づかされる。「主の剣」は「滅亡を宣告された民」の上に振りおろされるだけではなく、子羊、牡山羊、野牛なども殺されてしまうが、カラス、フクロウの類は生き残るのである。ジャッカルも駝鳥も廃墟と化した場所にやってきて住みつく。なかんずく注目されるのが「リリトがここに憩い、ねぐらを見いだすだろう」（イザ三四・一四）というくだりである。リリト（リリス）という名はヘブライ語の夜を意味する語に似ていて、旧約世界では夜の魔女とされている。ところでイザヤの言うことを逆に読めば、エドムの地がヤハウェの怒りを買うようなことがなければ、リリトは永久に帰ってこなかったのに、という意味になる。リリトは旧約の神に追放されながらも生きつづけ、復権をねらっていたもののようだ。

リリトはゲーテの『ファウスト』にも登場してくる。第一部のヴァルプルギスの夜の場面で、ファウストがメフィストフェレスに案内されてハルツ山地をブロッケン山へと向かう途中の人混みのなかに、ある女に目をとめ、「あれはいったいだれだい」と問うところがある。するとメフィストフェレスは、「よく見なさい。リリトですよ」と教えておいて、「アダムの最初の妻でね。あのみごとな頭髪には気をつけなさいよ」と忠告する。ゲーテはユダヤ伝説に関する何らかの書物を読んでいたか、あるいは中世の悪魔、魔女、夢魔についての知識を得ていたにちがいない。

アダムの妻といえばエバというのが旧約正典の伝えるところである。ヤハウェは「男から取った肋骨で女をつくり、男に引きわたした」。すると男（アダム）は、「これを女と呼ぼう。男からとりだされたのだから」（創二・二二〜二三）といって悦ぶ。あきらかに男性優位、男尊女卑の社会体制が確立してからの神話である。したがってアダムとエバの両人が人類の祖というのはおこがましいわけだが、じじつ「タルムード」によれば、アダムは自分に従順なエバを得るまえに、リリトと喧嘩別れしているのである。

『ファウスト』のヴァルプルギスの夜に現われた頃のリリトは魅惑的な魔女になっていたが、その前身は、遊牧の民イスラエルに侵略されたカナン地方の農耕部族の大母神であった。あのノアがセムの奴隷になれと呪ったカナン人たちの女神である。ウルから出土された紀元前二〇〇〇年頃の素焼き粘土板に浮き彫りされた女神像（大英博物館蔵）にはリルラケと刻まれているが、すっぱだかで翼をもち、足先は鳥の足をしているところは、パウル・クレーの戯画《鳥男》を思わせる。しかし天がける能力があると思いこんで墜落したクレーの痩せた「鳥男」とはちがい、ふっくらとした姿態の女神リリトは天が

リリト（リルラケ）女神像
大英博物館蔵

ける能力をもっていただろう。二匹のライオンの上に立ち、両脇にフクロウをしたがえ、両腕を柏手を打とうとする横綱のようにひろげ、手には皿か秤のようなものをもっている。あきらかに性愛、豊穣の女神であり、ケルトや古代ギリシアの神々のように、獣や鳥への変身が自由自在な神であることも見てとれる。

　このリリトがゲーテも知っていたように、アダムの最初の妻であった。彼女はエバのようにアダムの肋骨からつくられた女ではない。それどころかアダムより由緒が古い。彼女は少なくとも男女平等は最低限の線として守ろうとした。だから俗に正常位と呼ばれている性行為の体位も拒否し、これを無理強いしようとするアダムをののしり、逃げだしたのである。この神話からも母権制社会が父権制社会に打ち負かされていく推移が読みとれるが、アダムの父ヤハウェは家出した嫁をつれもどそうと三人の天使に追わせる。天使たちは紅海地方でリリトに追いつき説得にかかる。しかし彼女は、デーモンたちと暮らすほうがましだといって受けつけなかった。これを知ったヤハウェは怒り、彼女がいくら子どもを産んでも毎日百人の子どもを殺すと呪ったものである。この呪いかたには、後のエバに対するものにも共通するところがある。正典では前述のように、「イザヤ書」に一度夜の魔女として名前がだされるだけで、リリトがその後どういう運命の経過をたどったか詳細はわからない。一説によれば絶望して紅海に身を投げたともいうが、彼女が中世にも生きつづけていたのは注目に値する。ルシファーの母親にされたり、娘リリムたち〔あるいはリリト自身の化身〕が好色のデーモンとして男の夢に現われてくるとされ、謹厳な修道僧たちは、十字架をにぎりしめた手を下半身において、夢精を防いだというから愉快である。またヨーロッパに住むユダヤ人たちの伝承では、リリトはわが子を殺される仕返しに、他人の新生児を殺す女悪魔にされ、だからユダヤ人たちは、生まれてくる子どもの安全を願い、妊婦にリリト除けの護符をもたせたものであった。この習慣は近世まで維持されていたようで、三人の天使がリリトを捕縛している絵や、カバラのアルファベットといわれる奇妙な文字の書きこまれた十七世紀の護符の例がのこされている。

イアン・ベッグはこのリリトを黒マリアの原型のひとつにみなし、両者をむすびつける線を見いだそうとする。夜の魔女と黒い色とは連想を刺激するが、ベッグはリリトとシバの女王を同一視するのみならず、モーセがミデアンの地で妻にした異教の祭司ルグエルの娘ツィポラ（出二・二一）も（ツィポラが鳥を意味するとして）、リリトの化身だという。語呂あわせ的類推がいささか過ぎるうえに、旧約の引用内容が正確でない。ことに疑わしいのがエリヤ誘惑の話である。「リリトは予言者エリヤをさえ、本人の気づかないまえに、うまく誘いこみ、彼の子どもをもうけた。これにより、彼女はカルメル山のエリヤの不可視の魂の隠れ場所を知る唯一のシュネムの女とむすびつき」、「一一五四年に聖ベルトルトやフランクの隠修士たちが創設したカルメル会の黒い処女典礼」につながるという。たしかにカルメル会の修道士たちは、マリア信心の実践を信仰の中核にし、マリア的な生活というものをモットーにしていた。しかし会の発足年も創立者も不明で、挙げられる名前の信憑性についてはいまだ議論の的である。カルメル山はイスラエル北部の地中海沿岸にある豊沃な丘陵で、石器時代の遺跡や人骨が発掘されているが、もとはバール神を祀る神殿があった。それをイスラエルの民が征服し、ヤハウェの神殿にかえてしまったのである(その経緯は、予言者エリヤとバール神の予言者アハブとの対決という形で「列王記上」に記述されている)。エリヤに倣ってここに住もうとした隠修士たちの修道院は早くからあったらしいが、中世のカルメル会が正式に発足するのは、エルサレム総大司教アルベルトゥスが隠修士たちの規約をもとに会則を作成した十三世紀初めである。カルメル会の話はさておき、シュネムの裕福な女に出会っているのはエリヤではない。彼の弟子エリシャである。このシュネムの女は長年子どもにめぐまれていなかった。さりとて子どもが欲しいとも思っていない。頼まれもしないのにエリシャは彼女に、「来年のいま頃には、あなたは息子を愛撫しているであろう」と予言する。彼女は困惑して、「いえいえ、主なる人、神の人よ、はした女をからかわないでください」。この文脈から、誘惑を読みとるとすれば、権威ある男〔エリシャ〕が立場の弱い女〔シュネム〕に対し、権威をたてに強引なことをやったということにしかならない。ベッグのいう「エリヤ誘惑」とは話がまるで逆である。女はエリシャの告げた通り、一年後に男児を出産するが、この子は夭逝する。女はロバに乗って、カルメル山にいるエリシャのもとに急ぎ、「主なる人、わたしは子どもを授けていただきたいと申しましたか」と涙ながらになじる。エリシャはそこで杖をもって山をくだり、彼女の死んだ息子の横たえられた部屋に入り、祈りをささげ、蘇生させるのである（王下四・八〜三七参照）。

これは蘇生の奇跡話なのである。女が男を誘惑する話ではない。彼の師エリヤもやはりある女主人の病死した息子を生き返らせている（王上一七・一七〜二四参照）。二つの話はきわめて類似しており、このような蘇生の奇跡話は新約の記者たちも受けついでいる。子どもを蘇生させる話は、巡礼地アルトエッティングの伝説を想起させるが、とにかくベックの引用している旧約のこの個所は、リリトには関係がない。

もっとも、抑圧され追放された古代の女神たちの復権を黒いマリアに見いだそうとするベッグのフェミニズム的な意図は、考慮に入れなければならないかもしれない。しかしとにかく、このように聖書に手がかりをもとめるだけでも、「シバの女王」にしろ「リリト」にしろ、いつのまにかユダヤ＝キリスト教以前あるいは以外の異教の女神や女性にさかのぼってしまうのである。

四　古代の女神が黒マリアの原型？

四三一年に、マリアを「神の母」と公認したエフェソ公会議にいたるアレクサンドリアの総主教キュリロスの策謀については第三章で述べたが、ネストリウス派は結局たいして効果的な抵抗もできず、あっさり異端としてしりぞけられてしまうので、キュリロス側の「神の母」論が結局は主流だったかのように見えるが、事情はむしろ逆で、このときマリア崇拝に関して神学的にも逆転劇が生じたのである。

後のカトリックの正統神学によれば、マリアは神の子を産んだのであるから、当然神の母であり、彼女が神の子の母であることは、彼女の処女性が証明されている通りである、というわけだが、初期の教父たちは、民衆がマリア崇拝に傾くのを阻止しようとしていたのである。二十世紀のプロテスタント神学者カール・バルトは、マリア崇拝はカトリックの大変な錯誤であると断じたものだが、家父長的な教父たちも別な意味からではあるが、同意見であっただろう。新約の記者たちにも、マリアを信仰の対象にしようとする態度はまったく見られない。にもかかわらず、「神の母」論が勝利を収め、以後周知のように盛んに聖母子像が刻まれようになり、マリアが「天の女王」へと変身していくことになるには、やはり神学的な理屈以上の事情が背景にあったのであろう。

キュリロスが総主教の地位にあったエジプトはイシス信仰の長い伝統があるが、問題の公会議の開催されたエフェソは、ルカも報告しているように、熱狂的なアルテミス信仰の地であった。アルテミス神殿の廃絶をめざし、ここへ宣教にやってきたパウロは、大変な騒動をまきおこしている。「彼らは声をひとつにして、エフェソのアルテミスこそ偉大なれ、と二時間も叫びつづけた。そこで町の文書官が群衆をなだめにかかった。〈エフェソの諸君、このエフェソの町が偉大なアルテミス神殿と天より降ってきたその神像の守り役であることを知らない者がいるだろうか。これはだれも否定できない事実である。だからどうか気をしずめ、ばかなまねはしないように〉」(使一九・三四〜三六)

アルテミスといえば、よく知られたギリシア神話では、ゼウスがレトと、互いにウズラに変身して交合し、もうけた子どもであり、アポロンと双子の妹である。そのためレトはヘラの激しい嫉妬に悩まされることになるのだが、娘のアルテミスは気性の激しい狩りの女神であった。ゼウスに贈り物として何を所望するかとたずねられた際、「永遠の処女性」だと答えている。男嫌いの処女神であり、生きもの一切の大母神であると同時に、自分の生み育てたものでも食い殺す恐ろしい夜の「女狩人」でもあった。食い殺された人間はもっぱら男である。アガメムノンの娘イピゲネイアは、女神アルテミスの女大祭司をつとめ、クリミア半島にやってくる異邦の男たちを女神の生贄にしていたという。動植物とも近親関係にあって動物に変身するのも自由自在、とくに雌熊に好んで変身した。大熊座もアルテミスの変幻である。したがってアルテミスは天空、四季、天候も支配していたのである。ちなみにスイスの古名ヘルヴェチアは、南ドイツからスイス地方にかけて定住していたケルト部族に由来するが、そのヘルヴェチア人は熱心なアルテミス崇拝者であった。現スイスの首都ベルン（熊）の名称もこの名ごりであるという。

エフェソのアルテミス
ローマ時代のレプリカ（150年頃）
トルコ、エフェソ美術館蔵

この処女神アルテミスが千なり瓢箪のように多数の乳房をさげているエフェソの多産、豊穣の女神アルテミスと同一神というのは矛盾しているが、神話の神々、とくに女神は一神格（あるいは人格）ではなく、このアルテミスも古代ギリシア文明以前に各地で信仰されていた女神、地母神を同じ名称のもとに吸収、統合していったものだろう。この女神はやがてローマ神話のディアナと同一視されるようになるし、雌熊アルテミスはケルト人の女神にもなってアルトと呼ばれた。ケルト人はギリシア人のように処女性に特別な意味を与えていなかったから、アルトはやがてアルトゥール（アーサー王）の妻になっている。エフェソの女神アルテミスは黒い。もともとアマゾン族が沼地で発見したという黒い隕石を霊石として祀っていたのがはじまりだといわれている。ルカが報告している文書官の「天より降ってきたその神像」という言葉もこれを示唆している。隕石に魔力があると信じられていた話は、ギリシア神話にもあるが、隕石にかぎらず黒い石に呪術的な力が秘められているという信仰は、メロス島の火山岩である黒曜石を研いでつくった刀が生贄の喉を掻き切るのにもちいられたという話にもうかがうことができる。

紀元前二世紀に制作されたエフェソのアルテミス像にローマ産の石が使用されていることは、すでにローマにアルテミス信仰が浸透していたことを推定させるが、これには旅の商人といわれたフォカイア人の移動がかかわっていただろう。フォカイア人とは、紀元前十世紀以来小アジアに居住していたギリシア系人種で、地中海を西へと移動しながら商業活動をつづけ、紀元前七世紀にはガリア地方に到達してマッシリア（現マルセーユ）を建設し、ここを拠点にオーヴェルニュ地方の住人と商取引をおこなったが、彼らが船旅の守護神としてアルテミス像をもちはこび、マッシリアにも神殿を築いたといわれている。ローマ皇帝にもアルテミス崇拝者がいたことは知られていて、キリスト教がヨーロッパ各地に進出する頃には、アルテミス（ディアナ）崇拝はすでに各地に存在していた。

キュベレも小アジアの古代母権社会の女神であり、やはりもともと黒い石を御神体にしていたらしい。キュベレ信仰もまたローマ、ガリア地方に伝播している。

マリア像は、エフェソ公会議後、こうした異教のさまざまな女神像を、あるいは女神のさまざまな相を習合して形づくられていったと考えるべきだろう。各地域において、そこの女神信仰を圧伏するために、これは必要な措置だったにちがいないからである。もちろんこういう異教的な聖画像制作をにがにがしく思う道徳家たちもいて、七二六年には聖画像破壊運動が起きる。この破壊運動を終息させたのは、表向きは神学的な論証だったかもしれない。新約の神は旧約の神とは異なり、一処女を介して受肉し、この地上の人の子となりたもうたのであるから、可視的な聖画像はあってしかるべきものだという理屈である。しかしその背景には、古くから命脈を保ちつづけている母神信仰が決して駆逐できるものではないという現実があったにちがいないと思う。

ドイツでもレッツバッハの石製聖母子像のように、狩人が泉のほとりの地中から発掘したという伝説をともなっている例があるが（第五章を参照）、フランスにはこういう話が数多い。きこりとか羊飼いが、森のなかほこらとか泉の近くの茂みのなかで聖母像を発見したというのである。彼らはローマ植民地時代のガリア（ガロ＝ロマン）の地母神を見つけ、マリア像だと勘ちがいしたのであろうと推測されているが、残念ながら彼らが奇跡だと信じ、崇敬した原像は現存しない。しかしこうした伝説も手伝って、フランスほど中世期に聖母巡礼のさかんだった国はない。その最古の聖母巡礼地がシャルトルである。現在この地にはみごとなゴシック大聖堂がそびえ、世界中の観光客を集めているが、このノートル・ダム大聖堂が建立されたのは、かってケルト人の祭司ドルイドたちが集会を開いていた場所だという。大聖堂の地下にその昔洞窟だったという地下祭室が口をあけている。

ニーチェの言葉が思いだされる。「この地上に、教会や神殿の立っているところ、あるいは立っていたところにはほとんどかつて奇跡が生じている。つまり、かつて宗教的人間たちがちょっとした精神錯乱にみまわれたところにはすべて宗教建築術のきのこが生えでる」（『生成の無垢』）。ドルイドの集会には血なまぐさい儀式がおこなわれていた。彼らは易断によって神々の力を統制し、未来を予言するために、断末魔の生贄の内蔵の動きを読んだり、神々の要求に応じて、ときには水を張った盥か桶のなかに生贄の頭をつっこんで溺死させたり、木につるして扼殺したり、またあるときには聖なる木のほこらにつめこんで丸焼きにもした。オークの木を聖なる木として崇めるこのドルイド教はガリア地方のみならず、ヨーロッパ全域にまたがり、北欧でもいたるところドルイドの森のなかで儀式がおこなわれていた。ガリア、大ブリテン島ではドルイド僧たちは魔法使いの一団を形成してもいる。

だから、中世期の巡礼者たちが蠟燭の火をともして洞窟に入り、崇めていたというシャルトルの黒い聖母像はケルトの神々に由来するものだった、という主張もあるが、これはむしろ、ガリア地方のケルト社会がローマ軍に壊滅させられ、ドルイドの力も消滅したガロ＝ロマン時代に、東からもちこまれた女神像がもとではないかと想像するほうが自然である。この像は、異教の王が将来救世主を産むであろう処女を敬ってつくらせたのだという言い伝えがあり、それは十四世紀に編まれた年代記に記録されている土地の古老の話だが、台座にはラテン語で「産む処女」と刻まれていたという。処女神を知らないケルト人には縁遠い話である。

シャルトルの大聖堂の地下祭室は、現在は入場料を払えば、聖遺物などの陳列の見られる部屋になっているが、肝心の聖母像は一七九三年に焼却されてしまって、お目にかかることはできない。ただこのノートル・ダム大聖堂の西正面入り口の上の半円形壁に、幼児イエスをひざに乗せ、王冠をかぶり玉座にすわって真正面を向いている聖母が浮き彫りにされている。マリアがキリストの玉座の役をはたす姿

シャルトル大聖堂西正門上の浮き彫り

勢で、自らもまた玉座に腰かけている型は「上智の座」と名づけられているが、これがじつは地下に安置してあった聖母子像の模倣だといわれている。ちなみに現在の「地下の聖母」は十九世紀に制作された木彫で、黒くはない。
焼却されたもとの像の制作年代はもちろんわからない。はたしてガロ＝ロマン時代のものだったのか、あるいはその模像だったのか鑑定するよしもない。エミール・マールは一一五〇年頃、大聖堂の西正門上に彫られた浮き彫りが、地下祭室の黒マリア像の模倣だという説に疑念を表明している。シャルトルで神学を勉強した学僧のベルナール・ダンジェが一〇一三年頃に南フランスを旅行し、コンクやオーリヤックで信者たちが跪拝している彩色聖人、聖女像を見て偶像崇拝だ

と驚いた旅行体験記を書きのこしているからだ、というのが根拠である。もしシャルトルに聖母像がすでに存在していたのなら、彼はシャルトルで毎日これを目にしていたであろうから、何も南フランスで驚くことはなかっただろうというのである。いかにも論理的に聞こえるがいささか堅苦しい。「現実のなかでは、論理に厳密に対応するものは何も生じない」（ニーチェ）。たしかに十二世紀に南フランスでさかんに制作された聖母像の様式は聖女と似ていたかもしれない。しかし当時の学僧の信心の目には、聖母子像と聖女フォアの座像ではまったくちがっていただろう。黒マリアは崇敬の対象でも、彩色された聖人、聖女を拝むのは不謹慎だったかもしれない。理屈にあわない微細なちがいが決定的だということもある。ベルナール・ダンジェはシャルトルの「地下の聖母」は毎日見ていても、南フランスの聖人信仰には驚いたかもしれないのである。

いわれある場所にわざわざ建立したゴシック大聖堂の建設当時すでに、その地下が何らかの理由で廃墟になっていた、というのならわかるが、マールのように、建立当時にはまだ何も存在していなかった、というのは強引である。だいだいここは九一一年、ノルウェー出身のヴァイキングの首領（後にノルマンディー公となった）ロロー（八六〇～九三三）が軍勢をひきいて攻めこんできたとき、司祭がマリアのマントとかいう聖遺物をもちだし、ノルマンの軍勢に向けて軍旗がわりに振りまわしている。マリアの助けを懇願したら、マリアが応えてくれ、シャルトルはことなきを得たという、当時の年代記編者の筆は大げさだが、とにかくここにはゴシック時代以前からマリア崇拝が非常にさかんだったことがうかがえる。マリア像がまだなかったなど、あり得ないことである。

トレシウダの黒マリア像

モンセラートの黒マリア像

ゴシック大聖堂の入り口上方のゴシックらしくない浮き彫りも、だからお手本なしの創作とは考えられない。ロマネスク時代の聖母子像にはこういうタイプが多く、前述のスペイン、バルセロナ近郊の有名な巡礼地モンセラートの黒マリアのみならず、やはり巡礼の重要なルート上にあるトレシウダの黒いマリアも王冠をいただき玉座についている。黒マリアではないものにも、たとえば、やはりバルセロナからそう遠くないジローナの大聖堂の聖遺物展示室に収蔵されている聖母子像、南西ドイツのシュヴェービッシュ・ゲミュントの聖ヨハネ教会の南外壁に彫られている聖母子像、同じくドイツのヴェルルの巡礼教会の聖母子像、あるいはまた北イタリア、ブリクセン（ブレサノーネ）の大聖堂の聖母子像などがある。いずれも「上智の座」の系統である。だからシャルトルのノートル・ダム大聖堂の浮き彫りも、こうしたタ

シュヴェービッシュ・ゲミュントの
聖母子像（ヨハネス教会南壁）

ジローナの聖母子像
（大聖堂聖遺物展示館蔵）

ブリクセン大聖堂の聖母子像

ヴェルルの聖母子像（巡礼教会）

イプでもっとも身近にあった「地下の聖母像」の模倣だと推測するのが自然だろう。

学僧ベルナールが十一世紀に聖人像跪拝に驚いたというオーヴェルニュ地方のオーリャックよりさらに南方のオート・ロアール地方にル・ピュイという古い町がある。ここもまたフランス屈指のマリア巡礼地であり、現在は、十九世紀にパリの大司教の肝いりで建立された巨大な聖母子像が、大聖堂の立つ丘に隣接する岩山の上に、まるで自由の女神が左腕に幼児イエスをかるがるとのせているかのように立っていて、この町に近づくとその巨大な姿がまず目に入るが、この巡礼地もご多分にもれず伝説ではじまっている。その昔、この地方の谷間に住むある未亡人が、悪性の熱病に苦しんでいた。そこへ処女マリアが出現し、岩山を指さし、山上の大岩の上に腰をおろせば治ると教えたという。病人に山を登れというのは大変な難行だっただろうが、未亡人は指示にしたがい、病魔から解放されたという。四世紀の話である。このありがたい岩山を、まもなく視察にやってきた司教に、今度は近くの森から現われた鹿がマリアが建立をもとめているバジリカの設計図を渡した。山の上に最初の礼拝堂が建てられたのは四三〇年頃である。現在のノートル・ダム大聖堂は、その中核部分が八世紀から十一世紀にかけて完成されたものであり、十二世紀末までにかなり拡大され、その後もひきつづき増築や修復がおこなわれた。文字通り壮大な大聖堂であるが、この西側の入り口を入ったところに、未亡人が腰をかけたために熱病が快癒したという「熱さましの石」が置いてある。ほんとうにこれに腰をおろしたものであったか否かはあやしいが、おそらくこの岩山に集まっていたドルイトたちの巨石信仰が、こうした伝説のもとになっているのかもしれない。だからといって、とくに黒マリアがケルトと関係があるなどと結論しては短

ル・ピュイの黒マリア像（レプリカ）
（ノートル・ダム大聖堂）

同右、祝祭行列用の黒マリア像

絡的になる。

ル・ピュイ大聖堂のサン・ミシェル・デギュ礼拝堂の祭壇に安置されている黒い聖母子像は、やはり残念ながらオリジナルではない。かなり新しいレプリカであることは一見してわかる。オリジナルもこのように黒いマドンナだったのか、そして初期のバジリカ時代に存在していたのか、とにかく失われてしまっていて判定のしようもないが、十三世紀の巡礼記録によると、初代オリジナルは黒くなかったそうである。十四世紀のある司教座教会参事会員の墓の円形牌の浮き彫りもまた、この大聖堂のマリアが黒くなかったことを示唆していて、つまり黒いマリアと「熱さましの石」をむすびつけることは無理なようである。現在のレプリカのいわば黒いオリジナルが、黒いマドンナ崇拝がさかんになった十世紀末以後に、つまり巨石信仰のずっと後代に、初代のものと取りかえられたのだろう。この二代目はエジプトからもたらされたものだと言い伝えられている。一二五四年にルイ九世がエジプトからもち帰ったという説もあるが、あるいは十字軍の兵士が掠奪物をもち帰ったのかもしれない。百センチにみたないこの小座像のレプリカから推しても、もち運びは簡単だったろうと思われるが、それが黒いイシス女神像だったのか、それを模倣したマリア像だったのかはわからない。いずれにせよ杉材の木彫像だったという黒いマドンナは、フランス革命の犠牲になり、魔女さながら火あぶりにされてしまった。一七九四年六月八日午後五時に火刑に処せられた、といやに正確な年月日までわかっている。このときエアトラン・モルトルとかいう博物学者が、古代の遺産だからと、博物学的価値を強調して像を救おうとした。しかし革命の徒輩にはこれに貸す耳はなく、焼却した灰まで念入りに掻きちらした。信者たちの聖遺物崇拝も阻止したかったのだろう。この黒マリアは相当の信仰を集めていたにちがいない。黒マリアは革命の犠牲となって消えてしまったが、火山学者フォジャ・ドゥ・サン＝フォンなる人物が、火あぶり前にこの木彫像の姿形を詳細に記述していた。彩色がほどこされ、ニカワが塗られているとか、顔は母子とも黒いが手は白く、目にはガラスがはめこまれ、鼻は大きく、頭巾状の冠をかぶって……といった具合で、レプリカはまさにその通りで、できすぎではないかという感じさえするが、一八五六年六月八日、教皇ピウス九世の名のもとに、革命時に火あぶりにあったマドンナの追悼行事がおこなわれ、ル・ピュイ市長はローソクと市の紋章を献じて、革命時の暴虐の赦しを乞うたという。

ル・ピュイの歴史に関しては、黒マリア崇拝の興隆にあわせたように、だれかが東方の黒い像をもちこんだという説に最も信憑性がありそうである。それがイシス女神像であったか否かは簡単に推定はできないが、膝に息子のホルスをだいている女神イシス（七八ページの図版参照）は、その姿形からも、また母性的な愛情とか魂の救済力といった特質からも、聖母子像の根源として最も近いことはまちがいないし、ロマネスク時代のマリア像を見ていると、当時のマリア崇拝者のなかに、女神イシス像をマリア像と思いちがえていた者がいても不思議はないという印象を受ける。

マリアが「神の母」とさだめられた頃には、イシス崇拝はグレコ＝ローマン世界全域のみならず、ドナウ河畔地域や大ブリテン島にもひろがっていた。ローマに到来したのは紀元前一世紀頃で、迫害されもしたが、民衆のみならず皇帝のなかにも崇拝者をだしていた。福音記者たちもイシス崇拝を知らないはずはなかったろう。幼児イエスを連れ、エジプトに逃避したヨセフとマリアが帰国するなりゆきについて、マタイは「こうして、〈私はエジプトから私の息子を呼びだした〉と主が予言者を通して表明された言葉が実現することになった」（マタ二・一五）というように、イエスのメシア性を正当化するために、新約の出来事は旧約の予言の成就であるという書法で記述している。この予言者とはホセアのことで、彼にヤハウェが「イスラエルが若いとき、私は彼を愛し／私は息子をエジプトから呼びだした」（ホセ一一・一）と語っている個所を、マタイは借用している。しかしヤハウェはホセアにじつは、エジプトから脱出させてやったのに、イスラエルの民は自分を裏切っているではないか、と慨嘆していて、本来はいささか意味がちがうのである。こういう脈絡から切りはなし、都合のよい個所だけを、ユダヤ人向けに書きだしたマタイの苦心もわかるが、最近では、それどころか、すでにエジプトでイシスとマリアが同一視されようとしていた傾向をマタイは知っていて、これを正当化するために、マリアのエジプト逃避の話を考えだしたのではないかという推論もある。

しかし黒マリアが、「上智の座」の姿形のもの、つまりイシスを模倣したものだとすると、フランスのみならずヨーロッパ各国の黒い聖母子像はすべてこのような姿形のものでなくてはならなくなる。ところが現実はちがう。ドイツの黒いマリアの姿形はル・ピュイのものとはまったく異なっているのである。『黒いマリアの謎』の著者田中仁彦氏のように、「黒マリアというものはガリアとその周辺地域にしか存在しない」などと断じるのは、とんだ思いこみと言わざるを得ない。同じフランス内でもル・ピュイに近いパスカルの生地クレルモン゠フェランのノートル・ダム・デュ・ポール〔港の聖母教会〕の「ヴィエルジュ・ノアール〔黒い処女〕」などは、ル・ピュイのものとは姿形がまるでちがい、背をまげるようにして右腕にだいたわが子に頬ずりをし、幼児イエスも右手で母親のあごのあたりをなでていて、ほほえましくなるような聖母子像だが、こちらは十三世紀のイコンの複製だということである。

もちろんクレルモン゠フェランにも、ル・ピュイと同じ「上智の座」の黒いマリアを祀って

クレルモン゠フェランの〈黒い処女〉（11世紀）

リンダウの黒マリア像（歴史博物館蔵）

アンジョニー城の〈黒い処女〉

いる古い教会はある。こちらはじつにぶきみな感じがするが、エミール・マールの推測によると、ル・ピュイにかつて黒い聖母子像がもたらされ、玉座に威儀をただし、膝にのせた幼児とともに厳粛な表情で真正面を見つめ、まぎれもなくオリエント起源を証明しているこの聖母子像がこの地方でありがたがられ、さかんに模倣されたという。そうかもしれない。オーベルニュの各地に見られる同様な黒い聖母子は、たしかにル・ピュイなどのオリジナルのレプリカが農民向けに制作されているうちに、しだいに農村的に純朴なフランス独特なものにかわっていったと考えてもよいかもしれない。オーリヤックからさほど遠くないドアールの谷あいに現存するアンジョニー城の礼拝堂にある「黒い処女」は、まさにそういう印象を与える像である。

たしかに有名な巡礼地のマリア像は模倣され

ている。オーストリアのイタリアに近い南部の州都クラーゲンフルトの聖霊広場にある教会の黒マリアは、アルトエッティングのレプリカだが、ボーデン湖畔の町リンダウにある歴史博物館にも、同じ様式の黒いマリア像が収蔵されている。ドイツにもかつてはこのように、異教的なものと土着的なものを混淆させた像がいくつも存在していたにちがいない。宗教改革時代にいちはやく破壊されてしまって、現在はフランスほど現存していないのだろう。

黒いマリアのある種のものは、いかにもぶきみである。無原罪の清純（処女性）、母性的な慈悲、あるいは代願（とりなし）の力、同苦の模範といったようなカトリック神学の教理をはるかに超えて、何か有無を言わせぬ生命与奪権を手にしているような雰囲気さえうかがわせる。たしかに黒いマリアは、白いマリア以上に異教的なもの、呪術的なものを暗示している。しかしベッグのように黒いマリアを抑圧された母権制時代の女神の復権であるとみなすのは、見方がせまい。何でもかでも、母権制時代の女神の復権となれば、何も黒いマリアにかぎったことではない。たとえば三十年戦争時代、諸侯の軍旗に染めぬかれ、戦場をかけめぐった好戦的なマリアだって、古代の戦いの女神の復権だといえないこともない。中世人たちが、ことさら黒いマリアに頼る思い、あるいは吸引された心の深みがはたして、このような解釈にあうものであったか、大いに疑問である。前述の「削り聖母」の迷信にしてもそうだが、中世庶民の心はフェミニズム的な解釈で説明のつくものではない。キリスト教中世において、黒いマリアをこれほどまでに崇拝させたものは何であったのか、という深層心理学的にならざるを得ない問いは、黒マリア崇拝は古代の由来や影響以上にキリスト教的ヨーロッパが生みだした独自の現象ではないのか、という問いからも答えのヒントを引きだしてこなくてはならないだろう。ル・ピュイの岩山の上のマリア像を中世期に黒いものと取りかえさせた理由は何だったのか。偶然黒くなっていたアインズィーデルンのマリア像の修復後に、今度は意識的に黒く塗りなおした意図は何だったのか。こういうことを、キリスト教時代になお根強く生きつづけていた母神信仰と父権宗教の文化の葛藤も視野に入れながらなお探索しなければならない問題として残したまま、いまはここで筆をおくしかない。

参考文献

マリア

1 Schreiner, Klaus : *Maria. Jungfrau, Mutter, Herrscherin*. Carl Hanser Verlag, München, 1994.

2 Schreiner, Klaus : *Konnte Maria lesen? Von der Magd des Herrn zur Symbolgestalt mittelalterlicher Frauenbildung*. in : *Merkur* 44 (1990). S.82-88.

3 Küppers, Leonhart : *Maria*. Verlag Aurel Bongers, Recklingen, 1965.

4 Mulack, Christa : *Maria. Die geheime Göttin im Christentum*. Kreuz Verlag, Stuttgart, 1985.

5 Moltmann-Wendel, Elisabeth (hrsg.) : *Was geht uns Maria an?* Gütersloher Verlagshaus Gerd Mohn, 1988. (『マリアとは誰だったのか』 内藤道雄訳、新教出版社、一九九三年)

6 Greeley, Andrew : *The Mary Myth*. The Seabury Press, New York, 1977. (独訳 : *Maria über die weibliche Dimension Gottes*. Deutsch von A.Grabner-Haider / Ph.Wyss. Verlag Styria, Graz / Wien / Köln, 1979.)

7 Thiele, Johannes : *Madonna mia. Maria und Männer*. Kreuz Verlag, Stuttgart, 1990.

8 Fuchs, Norbert : *Wir ehren Maria. Texte und Vorschläge zur Gestaltung von Marien-andachten*. Verlag F.Pustet, Regensburg, 1980.

9 Lieball, Josef : *Martin Luthers Madonnenbild*. Christiana-Verlag, Stein am Rhein, 1981.

10 Begg, Ean : *The Cult of the Black Virgin*. Penguin Books, 1996.

11 Meier, Theo : *Die Gestalt Marias im geistlichen Schauspiel des deutschen Mittelalters*. Erich Schmidt Verlag, 1959.

12 Marmy, Emile : *Kleiner Wegweiser zu den Marienerscheinungen*. Kanisius Verlag, 1990.

13 Pelikan, Jaroslav : *Mary through the Centuries. Her Place in the History of Culture*. Yale University Press, 1996.
（『聖母マリア』　関口篤訳、青土社、一九九八年）

14 *Doctoris Seraphici S.Bonaventurae Oper Omnia Tomus IX*. p657～725. Ad Claras Aquas (Quracchi).
（聖ボナヴェントゥラ『マリア神学要綱　聖母祝日説教』　関根豊明訳、エンデルレ書店、一九九三年）

15 Mons, Paul : *Mutter meines Herrn*. Verlag F.Pustet, Regensburg, 1980.

16 Ruether, Rosemary Radford : *Mary — The Feminine Face of the Church*. The Westminster Press, 1977.
（『マリア　教会における女性像』　加納孝代訳、新教出版社、一九八三年）

17 Wimmer, Erich : *Maria im Leid. Die Mater dolorosa insbesondere in deutschen Literatur und Frömmigkeit des Mittelalters*. Inaugural-Dissertation, Würzburg, 1968.

18 Stiefvater, Alois : *Europäische Marienwallfahrt*. Johannes-Verlag, Leutesdorf a. Rhein, 1976.

19 Beissel, Stepfan : *Geschichte der Verehrung Marias in Deutschland während des Mittelalters*. Wissenschaftliche Buchgesellschaft, Darmstadt, 1972.

20 Rovira, German (hrsg.) : *Die sonnenbekleidete Frau. Die leibliche Aufnahme Marias in den Himmel. Überwindung des Todes durch die Gnade*. Verlag Butzon & Bercker, Kevelaer, 1986.

21 Ben-Chorin, Schalom : *Mutter Mirjam. Maria in jüdischer Sicht*. Deutscher Taschenbuch Verlag, 1982.

22 Kuyper, Abraham : *Women of the New Testament*. Zondervan Publishing House, USA, 1934.
（『聖書の女性　新約篇』　中村妙子訳、新教出版社、一九八〇年）

23 Klausener, Erich : *Wie spreche ich heute über Maria und die Herkunft Jesu*. Morus-Verlag GmbH, Berlin, 1976.

24 Opitz, Friedrich : *Maria rette den Papst, das Abendland, die Familie*. Theodor Schmitz Verlag, Münster, 1988.

25 Madinger, Herbert : *Das Geheimnis Mariens*. Erzdiözese, Wien, 1989.

26 Emminghaus, Johannes H. : *Anna*. Verlag Aurel Bongers, Recklinghausen, 1968.

27 Internationaler Mariologischer Arbeitkreis Kevelaer (hrsg.) : *Leben mit der Mutter des Herrn*. Verlag Butzon & Bercker, Kevelaer, 1987.
28 亀井勝一郎『三人のマリア』 春秋社、一九六四年
29 石井美樹子『聖母マリアの謎』 白水社、一九八八年
30 荒井献『新約聖書の女性観』 岩波書店、一九八八年
31 田中仁彦『黒いマリアの謎』 岩波書店、一九九三年
32 馬杉宗夫『黒い聖母と悪魔の謎』 講談社、一九九八年

聖書

1 日本聖書学研究所編『聖書外典偽典』全七巻、別巻（補遺及び索引）三巻 教文館、一九八二年
2 Friedman, Richard Elliott : *Who wrote the Bible?* Summit Books, New York, 1987.
（『旧約聖書を推理する 本当は誰が書いたか』 松本英昭訳、海青社、一九八九年）
3 Bruce, F.F. : *Jesus and Christian origins outseide the New Testament*. Willam B. Eerdmans, 1974.
（『イエスについての聖書外資料』 川島貞雄訳、教文館、一九八一年）
4 Augustinus : *De Genesi ad Litteram*.（『創世記逐語的注解』 清水正照訳、九州大学出版会、一九九五年）
5 Mack, Burton : *Who wrote the New Testament? The Making of the Christian Myth*. Harper Collins, San Francisco, 1995.
（『誰が新約聖書を書いたのか』 秦剛平訳、青土社、一九九八年）
6 加藤隆『新約聖書はなぜギリシア語で書かれたか』 大修館書店、一九九九年
7 Thiering, Barbara : *Jesus The Man. A new interpretation from the Dead Sea Scrolls*. Doubleday, 1992.
（『イエスのミステリー 死海文書の謎を解く』 高尾利数訳、日本放送出版協会、一九九三年）

8 Thomas, Gordon : *Magdalene. Jesus and the woman who loved him*. Lion Publishing, 1998.
(『イエスを愛した女　聖書外典・マグダラのマリア』 柴田都志子・田辺希久子訳、光文社、一九九九年)
9 Picknett, Lynn / Prince, Clive : *The Templar Revelation. Secret Guardians of the True Identity of Christ*. Bantam Press, 1997.（『マグダラとヨハネのミステリー』 林和彦訳、三交社、一九九九年）
10 Barth, Karl : *Vier Bibelstunden über Luk 1*. Chr. Kaiser Verlag, München, 1935.
(『降誕　聖書研究と小説教』 秋山憲兄・蓮見和男訳、新教出版社、一九九一年)
11 金子史朗『聖書の奇跡』 講談社、一九八〇年

事典

1 Kirschbaum, Engelbert (hrsg.) : *Lexikon der christlichen Ikonographie*. 8 Bde. Herder Verlag, Freiburg i.Br., 1968-1976.
2 旧約・新約聖書大事典編集委員会『旧約・新約聖書大事典』 教文館、一九八九年
3 Vries, Ad de : *Dictionary of Symbols and Imagery*. North-Holland Publishing Company, 1974.
(『イメージ・シンボル事典』 山下主一郎他訳、大修館書店、一九八四年)
4 Walker, Barbara G. : *The Woman's Encyclopedia of Myths and Secrets*. Harper & Row Publishings Inc., 1983.
(『神話・伝承事典　失われた女神たちの復権』 大修館書店、一九八八年)
5 水之江有一『図像学事典　リーパとその系譜』 岩崎美術社、一九九一年
6 Ruh, Kurt (hrsg.) : *Die deutsche Literatur des Mittelalters. Verfasserlexikon*. Walter de Gruyter, Berlin, 1983.
7 Denzler, Georg / Andresen, Carl : *dtv-Wörterbuch der Kirchengeschichte*. DTV GmbH & Co. KG, München, 1982.
8 Clifton, Chas S. : *Encyclopedia of Heresies and Heretics*. ABC-Clio., Santa Barbara, 1992.
(『異端事典』 田中雅志訳、三交社、一九九八年)

9 Schmidt, Heinrich und Margarethe : *Die vergessene Bildersprache christlicher Kunst*. Verlag C.H.Beck, München, 1981.

10 Botheroyd, Sylvia und Paul F. : *Lexikon der keltischen Mythologie*. Eugen Diederichs Verlag, München, 1995.

11 Bächtold-Stäubli, H. (hrsg.) : *Handwörterbuch des deutschen Aberglaubens*. 10 Bde. Walter de Gruyter, Berlin, 1987.

12 Algermissen u.a. (hrsg.) : *Lexikon der Marienkunde*. Verlag F.Pustet, Regensburg, 1960.

13 Robbins, R.H. : *The Encyclopedia of Witchcraft & Demonology*. Spring Books, London, 1959.
(『悪魔大全』 松田和也訳、青土社、一九九七年)

14 Heinz-Mohr, Gerd : *Lexikon der Symbole. Bilder und Zeichen der christlichen Kunst*. Eugen Diederichs Verlag, 1984.
(『西洋シンボル事典』 野村太郎・小林頼子監訳、八坂書房、一九九四年)

15 Keller, Hiltgart L. : *Reclams Lexikon der Heiligen und der biblischen Gestalten*. Philipp Reclam jun., Stuttgart, 1987.

16 大林太良・吉田敦彦監修『日本神話事典』 大和書房、一九九七年

古代・神話・伝承

1 Jung, C.G. / Kerenyi, C. : *Einführung in das Wesen der Mythologie*. Rhein-Verlag AG., Zürich. 1951.
(『神話学入門』、杉浦忠夫訳、晶文社、一九七五年)

2 Bachofen, Johann Jakob : *Das Mutterrecht. Eine Untersuchung über die Gynaikokratie der alten Welt nach ihrer religiösen und rechtlichen Natur*. Benno Schwabe & Co.Verlag, Basel, 1948.
(『母権論』 岡道男・河上倫逸監訳、みすず書房、一九九一年)

3 Uhlig, Helmut : *Am Anfang war Gott eine Göttin. Eine Weltreligion des Weiblichen*. Gustav Lübbe Verlag GmbH, Bergisch Gladbach, 1992.

4 Neumann, Erich : *Ursprungsgeschichte des Bewußtseins*. Walter-Verlag AG., Olten, 1971.

(『意識の起源史』上・下、林道義訳、紀伊國屋書店、一九八五年)

5 Assmann, Jan : *Ägypten. Theologie und Frömmigkeit einer frühen Hochkultur*. Verlag W. Kohlhammer, Stuttgart, 1984.

6 Lieber, Arnold L. : *The Lunar Effect—Biological Tides and Human Emotion*. Jerome Agel, 1978.
(『月の魔力　バイオタイドと人間の感情』藤原正彦・藤原美子訳、東京書房、一九八四年)

7 Every, Geroge : *Christian Legends*. Octopus Group Ltd., 1970. (『キリスト教の神話伝説』、今井正浩訳、青土社、一九九四年)

8 Neumann, Erich : *Zur Psychologie des Weiblichen*. Rascher & Cie., Zürich, 1953.
(『女性の深層』松代洋一・鎌田輝男訳、紀伊國屋書店、一九八〇年)

9 Caillois, Roger : *L'homme et le sacrè, Èdition augmentèe de trois appendies sur le sexe, le jeu, la guerre dans leurs rapports avec le le sacrè*. Gallimard, 1950. (『人間と聖なるもの』塚原史他訳、せりか書房、一九九四年)

10 Graves, Robert : *The Greek Myths*. Penguin Books, 1955. (『ギリシア神話』上・下、紀伊國屋書店、一九七三年)

11 Peterich, Eckart : *Götter und Helden der Griechen. Kleine Mythologie*. Fischer Bücherei KG. Frankfurt a.M., 1958.

12 Armstrong, Karen : *A History of God*. c/o Felicity Bryan, Oxford, 1993. (『神の歴史』高尾利数訳、柏書房、一九九五年)

13 Voragine, Jacobus de : *Legenda aurea*. (Deutsch von Richard Benz. Heidelberg, 1955.)
(『黄金伝説』全四巻、前田敬作他訳、人文書院、一九七九～一九八七年)

14 Clarus, Ingeborg : *Keltische Mythen. Der Mensch und seine Anderswelt*. Walter-Verlag, Olten, 1991.

15 Ashe, Geoffrey : *Kelten, Druiden und König Arthur. Mytoholgie der Britischen Inseln*. (Deutsch von B. Siegel, Walter-Verlag, Olten, 1990.)

16 Sills-Fuchs, Martha : *Wiederkehr der Kelten*. Knauer, München, 1986.

17 Green, Miranda Jane : *Celtic Myths*. Britisch Museum Press, London, 1993. (『ケルト神話』市川裕見子訳、丸善、一九九七年)

18 Delaney, Frank : *The Celts*. BBC Books and Hodder & Stonghton, 1986.
(『ケルト　生きている神話』森野総子訳、創元社、一九九三年)

19 Brekilien, Yann : *La Mythologie Celtique*. Éditions du Rocher, 1993.

（『ケルト神話の世界』　田中仁彦・山邑久仁子訳、中央公論社、一九九四年）
20 Eluère, Christiane : *L'Europe des Celtes*. Gallimard, 1992.（『ケルト人 蘇るヨーロッパ〈幻の民〉』田辺希久子他訳、創元社、一九九四年）
21 Cunliffe, Barry : *The Celtic World*. McGraw-Hill Book Company, 1979.
（『図説ケルト文化誌』、蔵持不三也他訳、原書房、一九九八年）
22 Whitmont, Edward : *The Return of the Goddess*. Crossroad, New York, 1982.
（独訳 : Die Rückkehr der Göttin. Deutsch von Jürgen Saupe. Rowohlt Taschenbuch Verlag GmbH, Reinbek, 1993.）
23 Uhlig, Helmut : *Am Anfang war Gott eine Göttin. Eine Weltreligion des Weiblichen*. Gustav Lübbe Verlag GmbH, Bergisch Gladbach, 1992.
24 Taube, Karl : *Aztec and Maya Myhts*. British Museum Press, London, 1993.
（『アステカ・マヤの神話』、藤田美砂子訳、丸善、一九九六年）
25 Goldstein, David : *Jewish Legends*. Paul Hamlyn Publishing, 1987.（『ユダヤの神話伝説』、秦剛平訳、青土社、一九九二年）
26 楠見千鶴子『パン・フルートの森』、音楽之友社、一九八三年
27 鶴岡真弓『ケルト／装飾的思考』、筑摩書房、一九九三年
28 鶴岡真弓『ケルト美術への招待』、筑摩書房、一九九五年
29 大林太良・吉田敦彦『世界の神話をどう読むか』、青土社、一九九八年

歴史

1 Rogier, Louis J. et autre (dtr.) : *Nouvelle Histoire de l'Eglise*. Éditions du Seuil, Paris, 1963.
（上智大学中世思想研究所編訳／監修『キリスト教史　第一巻　初代教会』、講談社、一九九〇年）
2 Benko, Stephen : *The Catacombs and the Colosseum*. Judson Press, 1971.

（『原始キリスト教の背景としてのローマ帝国』、新田一郎訳、教文館、一九八九年）
3 Daniel-Rops, Henri（本名 Jules Charles Henri Petiot）: *La Vie quotidienne en Palestine au temps de Jésus*. Hachette, Paris, 1961.（『イエス時代の日常生活』全三巻、波木居斎二・波木居純訳、山本書店、一九六四年）
4 Sievers, Leo : *Juden in Deutschland*. Hamburg, 1981.
5 Elbogen, Ismar / Sterling, Elenore : *Die Geschichte der Juden in Deutschland*. Athenäum Verlag, Frankfurt am Main, 1988.
6 Roth, Cecil : A History of the Jews. Union of American Hebrew Congregations, 1961.
（『ユダヤ人の歴史』 長谷川真・安積鋭二訳、みすず書房）
7 堀米庸三・前嶋信次監修『生活の世界歴史』全十巻、河出書房新社、一九八九年

異端、魔女、悪魔

1 Koch, Gottfried : *Frauenfrage und Ketzertum im Mittelalter*. Akademie-Verlag, Berlin, 1962.
2 Golger, B. / Zöller, W. : *Teufelsglaube und Hexenwahn*. Böhlau Verlag, Wien / Köln, 1984.
3 Rosenberg, Alfons : *Engel und Dämonen. Gestaltwandel eines Urbildes*. Kösel, 1986.
4 Schwaiger, Georg (hrsg.) : *Teufelsglaube und Hexenprozesse*. Verlag C.H.Beck, München, 1988.
5 Wolfgang, Herrmann : *Mammon, Schmutz und Sünde. Die Kehrseite des Lebens*. Kreuz Verlag, Stuttgart, 1991.
6 Malanowski, Anja / Köhle, Anne-Bärbel : *Hexenkraft. Macht und Magie der weisen Frauen heute*. Droemersche Verlagsanstalt Th.Knauer Nachf., München, 1996.
7 Easlea, Brian : *Witch Hunting. Magic and the New Philosophy — An Introduction to Debates of the Scientific Revolution 1450-1750*. The Harvester Press, 1980.（『魔女狩り対新哲学　自然と女性像の転換をめぐって』 市場康男訳、平凡社）
8 Sallmann, Jean-Michel : *Les sorieres fiancèes de Satan*. Gallimard, 1989.（『魔女狩り』 池上俊一監修、創元社）

9 Russel, J.B. : *Luficer. The Devil in the Middle Ages*. Cornell University Press, 1984.
(『ルシファー　中世の悪魔』 野村美紀子訳、教文館、一九八九年)
10 Russel, J.B. : *The Prince of Darkness. Radical Evil and the Power of Good in History*. Cornell University Press, 1988.
(『悪魔の系譜』 大瀧啓裕訳、青土社)
11 Ginzburg, Carlo : *Storia Notturna. Una decifrazione del sabba*. Giulio Einaudi Editore, SpA, 1989.
(『闇の歴史　サバトの解読』 竹山博英訳、せりか書房、一九九二年)
12 Le Roy Ladurie, Emmanuel : *La Sorcière de Jasmin*. Éditions du Seuil, Paris, 1983.
(『ジャスミンの魔女　南フランスの女性と呪術』、新評論、一九八五年)
13 Müller-Sternberg, Robert : *Die Dämonen*. Carl Schünemann Verlag, Bremen, 1964.
(『デーモン考』 木戸三良訳、法政大学出版局、一九七四年)
14 Nelli, René : La Philosophie du Catharisme. Payot, Paris, 1975.
(『異端カタリ派の哲学』 柴田和雄訳、法政大学出版局、一九九六年)
15 原田武『異端カタリ派と転生』 人文書院、一九九一年
16 池上俊一『魔女と聖女』 講談社、一九九二年
17 上山安敏『魔女とキリスト教』 人文書院、一九九三年

中世

1 Haas, Alois Maria : *Gottleiden - Gottlieben. Zur volkssprachlichen Mystik im Mittelalter*. Insel Verlag, Frankfurt am Main, 1989.
2 Veit, Ludwig Andreas : *Volksfrommes Brauchtum und Kirche im deutschen Mittelalter*. Freiburg, 1936.

3 Möbius, Helga : *Passion und Auferstehung in Kultur und Kunst des Mittelalters*. Union Verlag, Berlin, 1978.
4 Borst, Otto : *Alltagsleben im Mittelalter*. Frankfurt am Main, 1983.
（『中世ヨーロッパ生活誌』一・二、永野藤夫他訳、白水社、一九八五年）
5 Eco, Umberto : *Arte e bellezza nell'estetica medievale*. Bompiani, Milano, 1987.
（独訳 : *Kunst und Schönheit im Mittelalter*. Deutsch von Günter Memmert. Carl Hanser Verlag, München, 1991.）
6 Rossiaud, Jacques : *La Prostituzione nel Medioevo*. Laterza & Figli, Roma-Bari, 1984.
（『中世娼婦の社会史』阿部謹也・土浪博訳、筑摩書房、一九九二年）
7 阿部謹也『西洋中世の愛と人格』朝日新聞社、一九九二年
8 尾野照治『中世ドイツ再発見』近代文芸社、一九九八年

フェミニズム

1 Halkes, Cathrina J.M. : *Gott hat nicht nur starke Söhne. Grundzüge einer feministischen Theologie*. Gütersloher Verlagshaus Gerd Mohn, 1980.
2 Wöller, Hildegunde : *Vom Vater verwundet. Töchter der Bibel*. Kreuz Verlag, Stuttgart, 1991.
3 Gössman, Elisabeth : *Die streitbaren Schwestern. Was will die Feministische Theologie?* Verlag Herder, Freiburg i.Br., 1981.（『フェミニズムとキリスト教』岡野治子他訳、勁草書房、一九八四年）
4 Moltmann-Wendel, Elisabeth : *Das Land, wo Milch und Honig fließt. Perspektiven einer Feministischen Theologie*. Gütersloher Verlagshaus Gerd Mohn, 1985.（『乳と蜜の流れる国』大島かおり訳、新教出版社、一九八八年）
5 Armstrong, Karen : *The Gospel According to Women. Chrstianity's Creation of the Sex War in the West*. Anchor Books, Doubleday, 1986.（『キリスト教とセックス戦争　西洋における女性観念の構造』高尾利数訳、柏書房、一九九六年）

その他

1 Deschner, Karlheinz : *Das Kreuz mit der Kirche*. Wilhelm Heyne Verlag, München, 1990.

2 Deschner, Karlheinz : *Der gefälschte Glaube. Die wahren Hintergründe der kirchlichen Lehren*. Wilhelm Heyne Verlag, München, 1991.

3 Nietzsche, Friedrich : *Die Unschuld des Werdens*. in : *Sämtliche Werke in 12 Bde., Bd.11*. Alfred Kröner Verlag, Stuttgart, 1965.

4 Hegel, G.W.Friedrich : *Vorlesung über die Ästhetik I & II*. in : *Sämtliche Werke in 20 Bde., Bd.13 & 14*. Suhrkamp Verlag, Frankfurt a.M., 1970.

5 Wilson, Colin : *The Misfits. A Study of Sexual Outsiders*. Grafton Books, London, 1988.
(『性のアウトサイダー』 鈴木晶訳、青土社、一九八九年)

6 Kajiyama Yuichi : *Studies in Buddhist Philosophy*. Rinsen Book, Kyoto, 1989.

7 Bauer, Robert : *Altötting. Geschichte, Kunst, Volksbrauch*. Verlag Schnell & Steiner, München, 1985.

8 Bott, Gerhaurd (hrsg.) : *Germanisches Nationalmuseum*. Prestel-Verlag, München / Germanisches Nationaumuseum, Nürnberg, 1985.

9 Modehn, Christian : *Religion in Frankreich*. Gütersloher Verlagshaus Gerd Mohn, 1993.

10 Gaube, Karin / Pechmann, Alexander : *Magie, Matriarchat und Marienkult. Frauen und Religion. Versuch einer Bestandaufnahme*. Rowohlt Taschenbuch Verlag GmbH, Reinbek bei Hamburg, 1986.

11 Delumeau, Jean : *Angst im Abendland. Die Geschichte kollektiver Ängste in Europa des 14. bis 18. Jahrhunderts*. Deutsch von M.Hibner u.a., Rowohlt Taschenbuch Verlag GmbH, Reinbek bei Hamburg, 1985.

12 Gössmann, Wilhelm : *Kultur Christentum. Die Verquickung von Religion und Literatur in der deutschen Geistes-*

geschichte. Droste Verlag, Düsseldorf, 1990.

13 Comte, Louis : *Le Puy-En-Velay. Cathèdrale, Cloître, Chappelle des Penitents, Notre Dame de France*. Éditions Lescuyer, Lyon, 1992.

14 Richard, Marie-Claire : *Itinéraire spirituel à Notre-Dame du Port*. Éditions Lescuyer, Lyon, 1992.

15 Dilleman, Erika : *Kostbarkeiten der Bodensee-Landschaft*. Stadler Verlaggesellschaft, Konstanz, 1990.

16 Mâle, Émile : *L'Art religieux du XIIe Siècle en France*. 1922.
（『ロマネスクの図像学』上・下、田中仁彦他訳、国書刊行会、一九九六年）

17 Jung, C.G. : *Psychologie und Alchemie*. Zürich, 1944.
（『心理学と錬金術』一・二、池田紘一・鎌田道生訳、人文書院、一九七六年）

18 Jonas, Hans : *The Gnostic Religion*. Beacon Press, Boston, 1963.
（『グノーシスの宗教』、秋山さと子・入江良平訳、人文書院、一九八六年）

19 Marrou, Herni-Irénée : *St. Augustin et l'augustinisme. Maîtres spirituels*. Éditions du Seuil, 1955.
（『聖アウグスティヌス』、長戸路信行訳、中央出版社、一九九四年）

20 高橋保行『イコンのかたち』、春秋社、一九九二年

あとがき

私は神学、教会史、歴史、神話、文化人類学といった領域を専門にしてきた者ではない。もともとはゲルマニストである。マリア崇拝に関心をいだいたのも、たとえばリルケの連詩『マリアの生涯』のように、ドイツ文学作品のテーマになっているマリア、あるいは作品中にさまざまな形で登場するマリアについて、個々の作家の場合や、その作家の生きた時代を超えて、考察してみるべきではないだろうかと考えはじめたのがきっかけであった。マリアが聖書にどう記述されているかといった基礎的な点から従事しなくてはならない。そう思いたって、本来の目標だったはずのものをはるか彼方に追いやってしまうような大問題に携わることになってしまった。

といっても系統だった研究をはじめたわけではない。念頭に浮かぶ問題について学習し、思念をめぐらしているうちに、その結果をドイツ文学関係の同人誌「希土」に中間報告のような形で掲載することになった。すると間口が思わぬほうにひろがり、ヨーロッパへ調査旅行にも出かける始末になった。これはいまも続行していて、つまり学習中なのだが、このたび八坂書房の八尾睦巳氏に、これまでのところを、一冊の書物にするよう勧められた。そこまでの成果はまだあげていないというためらいもあったが、次に進むには、やはり一度整理しておくのがよいと思いなおした次第である。

整理といっても、最初からまとまったものを著述しようという計画で始めたものではないので、全体としてきちんとした統一はとれていない。それにいまさら言うまでもなく、マリアの問題については、まず何より膨大な知識が必要である。本書の叙述など、おそらくほんのわずかを瞥見しての所産にすぎないという気がしてならないが、せめてマリア議論に一石を投じることができれば幸いである。

参考文献から直接引用し、著書名や著者名を挙げるという形は、できるかぎりさけることにした。個々の点についてはすべての参考文献より大いに学び、知識を与えられて感謝してはいるが、書物全体については見解を異にせずにはおれないものが少なくない。したがってただある個所だけを直接引用して、著書名、著者名を挙げると、誤解を生むことにもなりかねないからである。なお八坂書房の八尾氏には、最初の企画からお世話になっているが、とくに原稿の入念な校正その他、私の不精なところを辛抱づよく助けていただいたことにお礼を申しあげなければならない。

二〇〇〇年　春

著者

索引

＊太字は関連する図版の掲載頁を示す。

【サ行】

【マ行】

【ヤ行】

【ラ行】

【ワ行】

著者略歴

内藤道雄（ないとう　みちお）

1934年姫路生まれ

京都大学大学院修士課程（独文専攻）修了

現在、京都外国語大学教授（京都大学名誉教授）

最近の主要著訳書：

『詩的自我のドイツ的系譜』（同学社、1996年）

『形象と言語』（共著、世界思想社、1997年）

E. モルトマン=ヴェンデル編『マリアとは誰だったのか』（新教出版社、1993年）

H. イェーナー著『ドイツ表現派ブリュッケ』（共訳、岩波書店、1994年）

聖母マリアの系譜

2000年4月17日　初版第1刷発行

著　者　内藤道雄

発行者　八坂安守

印刷所　㈱マップス

製本所　㈲高地製本所

発行所　㈱八坂書房

〒101-0064　東京都千代田区猿楽町1-5-3

TEL 03-3293-7975　FAX 03-3293-7977

郵便振替口座 00150-8-33915

ISBN4-89694-451-8

エデンの園 ―楽園の再現と植物園―

J・プレスト著／加藤暁子訳　ヨーロッパ文化の中の植物園と庭園の歴史を、キリスト教・文学・美術史・植物学など多方面から検証、楽園再現の試みを多数の図版と共に詳述。　三三〇〇円

聖書の植物

H&A・モルデンケ著／奥本裕昭編訳　純潔と優雅の象徴ユリをはじめ、アネモネ、オリーブ、イチジクなど聖書に現れる80余種の植物について文化史的内容を取り入れながら解説。　一九四二円

西洋シンボル事典

G・ハインツ＝モーア著／野村太郎・小林頼子監訳　火、水、食事などの一般語から動植物、聖人名まで475項目を取り上げ、豊富な美術作例とともに解説。さらに600点の参考図版を掲げ読解の助けとする。入門者から美術研究者まで西洋美術、キリスト教文化理解に欠かせぬ書。　六五〇〇円

フェルメール論 ―神話解体の試み―

小林頼子著　進境著しいフェルメール研究の最新成果を踏まえ、新たな発想で提示する新しいフェルメール像。―フェルメール全作品カラー掲載＋参考図版300点＋資料（作品来歴一覧、関連古文書ほか）　七九〇〇円

イメージの裏側 ―絵画の修復・鑑定・解釈―

フェデリコ・ゼーリ著／大橋喜之訳　イタリア美術界の鬼才が美術作品の生態について縦横に語る、極上の美術談義。修復で台無しになった作品や改竄・贋作の実態、歴史的事件と名画の関連等の話題を織りまぜ、正確な評価と解釈のための背景知識を詳細かつ平易に語る。　二八〇〇円

☆税別価格